达·芬奇
米开朗基罗
拉斐尔

文艺复兴
艺苑名人传

[意] 乔治奥·瓦萨里 著
边 静 译

化学工业出版社
·北 京·

文 艺 复 兴 艺 苑 名 人 传

达·芬奇
米开朗基罗
拉斐尔

Leonardo Michelangelo & Raphael Live of the Renaissance Artists by Giorgio Vasari.

ISBN:978-1-78828-624-4

Copyright© 2018 by Arcturus Holdings Limited, www. arcturuspublishing.com. All rights reserved.

Authorized translation from the English language edition published by Arcturus Publishing Limited.

本书中文简体字版由 Arcturus Publishing Limited 授权化学工业出版社独家出版发行。

本版本仅限在中国内地（大陆）销售，不得销往中国香港、澳门和台湾地区。未经许可，不得以任何方式复制或抄袭本书的任何部分，违者必究。

北京市版权局著作权登记号：01-2021-3488

图书在版编目(CIP)数据

文艺复兴艺苑名人传：达·芬奇，米开朗基罗，拉斐尔/（意）乔治奥·瓦萨里（Giorgio Vasari）著；边静译.—北京：化学工业出版社，2021.9（2024.8重印）

书名原文：Leonardo, Michelangelo & Raphael Live of the Renaissance Artists

ISBN 978-7-122-39326-5

Ⅰ.①文⋯ Ⅱ.①乔⋯ ②边⋯ Ⅲ.①达·芬奇（Leonardo, da Vinci 1452—1519）-传记 ②米开朗琪罗（Michelangelo, Buonarroti 1475—1564）-传记 ③拉斐尔（Raphael, Sant 1483—1520）-传记 Ⅳ.①K835.465.72

中国版本图书馆CIP数据核字（2021）第109812号

责任编辑：徐华颖　宋晓棠
文字编辑：宋晓棠
责任校对：边　涛
书籍设计：尹琳琳

出版发行：化学工业出版社
　　　　（北京市东城区青年湖南街13号　邮政编码100011）
印　　装：北京宝隆世纪印刷有限公司
787mm×1092mm　1/16　印张12½
2024年8月北京 第1版第2次印刷

购书咨询：010-64518888
售后服务：010-64518899
网　　址：http://www.cip.com.cn
凡购买本书，如有缺损质量问题，本社销售中心负责调换。

定　　价：98.00元　　　版权所有　违者必究

推荐序

究竟是伟大的人造就了伟大的时代?还是伟大的时代孕育出伟大的人?

"文艺复兴"与"他的大师们"怕是让人无从回答。大概是一种相互成就吧,天时地利人和,如瓦萨里所表达的那样,上帝将所有的光辉与美好不遗余力地给了那些天才们,怜悯人类贫瘠的想象与对美好的无知,特派下凡开启我等的鉴美之智。同时,也让"美第奇"那样的家族在人间展现辉煌,襄助艺术,成就天才。

那些"神仙打架"的日子,我们有幸能在瓦萨里的《艺苑名人传》中可见一斑,当然,这也是上天的馈赠。瓦萨里作为文艺复兴时期的艺术家,以同时代的第一视角,记述当时的辉煌,这是不可多得的一手艺术资料,尽管也有被"吐槽"有失偏颇的地方,但并不妨碍它的珍贵与伟大。也是因为他,"文艺复兴"从此有了姓名,成为了一个可以聚焦的概念,流传至今,影响着无数的后来者。

这本书中虽然只节选了"文艺复兴三杰"的部分,但内容也是足够的丰富。在达·芬奇满是恶臭的画室中被盾牌上的怪兽吓得发慌的皮埃罗爵士,被米开朗基罗报复而永远留在最后的审判中的比亚戈,大会议厅两位大师之战,许诺阿特兰塔的拉斐尔,一幕幕像是那个时候的全息投影,有血有肉的人们,历经历史的沉浮在这本书中鲜活。更不用说这三位巨匠的作品是如何的精彩,它们的名字是如何的如雷贯耳,只能说,你若凝视即刻沉沦!

这是一本带着文艺复兴时期情感温度的艺术作品,瓦萨里作为同时代的艺术家,带着相当的感情描述了他们,记录了他们。作为艺术史论的研究者,我很欣喜能够看到它在国内出版上市,为国内的艺术工作者和热爱艺术的朋友们带来新的学习养料,让我们能更好地了解那段辉煌的艺术时期,特别是这几位让世人仰望的艺术巨匠。有幸能够提前阅读并提出了一些专业相关的建议,以求锦上添花,为广大的读者尽一些绵力,也是十分的开心。艺术的历史充满着奇妙的碰撞,艺术家的人生总是绚丽的离奇,希望阅读了这本著作的每个人都能从中看到美,看到美好,看到追求美好的艰辛与困苦,也看到艰辛与困苦中人的伟大与创造。更希望每个追逐艺术的人,能够在前人的启迪中,不断前行。

张夫也
清华大学美术学院教授、世界艺术史研究所所长
2021 年 5 月

译者序

在人类历史的长河中，追求美的天性，于千百年间孕育出无数才华横溢的能工巧匠和艺术大师。他们中有些流芳百世，有些却名不见经传，仅仅留下动人的作品，更有些则彻底湮灭于一段曾经辉煌的文明中，无法为后世所知。

生活在 14—16 世纪意大利的艺术家们似乎拥有一份特别的幸运，他们生于繁荣富足的时代，新兴资本主义思潮蓬勃兴起，令他们可以更为自由地进行艺术创作，绘画、建筑、雕塑作品大量涌现且都呈现出全新的人文主义气息，仿佛古代希腊、罗马的繁华再现。更为幸运的是，在他们之中诞生了艺术史中的首位史学家、评论家——乔治奥·瓦萨里，他的著作《艺苑名人传》被公认为文艺评论方面的先驱之作，其中收录了众多与他同时代的意大利艺术家，不仅记录他们的生平事迹、奇闻轶事，同时还罗列了他们的作品并进行赏鉴品评。特别是瓦萨里极为推崇的三位巨匠：达·芬奇、米开朗基罗和拉斐尔，书中详细记述了他们的学艺、成长和成名的经历，还谈到了他们的创作方法，重要作品，等等，使他们能够得到同时代的人们乃至后世大众更多的认识、了解以及学习和崇拜。

此外，瓦萨里还是首位打造出"文艺复兴"概念的文艺评论家。事实上，文艺复兴运动是一股自发的洪流，在此之前已经存续了近百年，但直到瓦萨里总结并提炼出这一概念，并以自己的著作为其做出详实的注解，才令"文艺复兴"成为一块金光闪闪的里程碑，不仅光耀辐射到整个欧洲，更对后世产生了深远影响。

本书为《艺苑名人传》的缩略本，首次引入国内翻译出版，介绍了文艺复兴时期的三位巨匠：达·芬奇、米开朗基罗以及拉斐尔的艺术生活和作品，内容丰富详实并配以精美的插图。其中不乏引人入胜的细节和令人津津乐道的轶事，比如，在达·芬奇的设计图和画稿中出现的双翼飞行器，和二十世纪才刚问世的双翼飞机如出一辙，令人不禁好奇他是否真的曾有过穿越现代之旅。

因本书在文艺史中的重要地位，作为译者，我倍感荣幸。同时作为一个文艺爱好者，也被书中生动有趣的故事深深吸引，特别是三位大师迥然不同的性格和同样精彩的人生，对比看来令人极为印象深刻。

比如同样是帅气而又才华横溢的社交宠儿，达·芬奇喜爱在人前表现个人的多才多艺，而拉斐尔则谦逊低调，注重人际交往。同样是艰辛无比的创作过程，达·芬奇常常沉迷于观察和思考，不肯轻易动笔，甚至有时会半途而废。而米开朗基罗则勤勤恳恳，避开人群独自艰苦磨砺，他在雕塑和绘画过程中都要修建帷幕，不允许旁人参观，直至作品现世。在他去世前焚毁了大量草图和设计稿，记录下的都是天才光环下默默付出的汗水。再比如，同样都是不可多得的天才，与达·芬奇和米开朗基罗两人相比，拉斐尔的情商更为突出。在绘画方面，他紧盯流行趋势，集百家所长，不惜借鉴挪用；在工作方面，他谦和有礼，注重团队，受到大量画家和工匠的追随和爱戴；在生意方面，他一面进行教皇宫的装修工程，一面为富商宅邸绘制壁画，还亲手绘制并送给国王重要画作。37岁的一生，名誉、金钱、地位样样俱全，教皇甚至授予他神职，堪称令现代人都要惊叹的人生赢家。

诚然，艺术家们生活的时代距今已经过去了四五百年，但是不论古今中外，成功都一样离不开自己的辛勤努力，离不开时代的地利人和，以及各自独特的成功之道，因而品读大师们的故事，发现他们的成功之道，对于今天的我们，特别是对于想要获得成功的现代人同样具有不可多得的教育意义。

边静

2021年4月18日

序言

一个艺术家的眼光

作为画家、建筑师、历史学家和作家的乔治奥·瓦萨里（1511—1574）生于托斯卡纳的阿雷佐，并在以安德烈·德·萨托（Andrea del Sarto）为中心的艺术家和人文主义者圈子中得到了培养熏陶。他受到美第奇家族[1]的赞助，他的《艺苑名人传》就是献给科西莫·德·美第奇大公的，他为这位大公绘制了多幅壁画[2]，还设计了众多建筑，其中包括佛罗伦萨的乌菲兹宫。

瓦萨里作为米开朗基罗的忠实追随者，视其为所有艺术成就的巅峰，并且是文艺复兴时期集艺术家、雕刻家、建筑师、工程师和诗人多能为一身的杰出典型。

1529年，瓦萨里来到了罗马，在那里他研究了拉斐尔以及其他文艺复兴杰出艺术家们的绘画作品。

---

[1] 美第奇家族

是13-17世纪统治佛罗伦萨的名门望族，以经商发家，在欧洲拥有强大势力，家族中出过数位教皇和两位法国王后，其中法国国王亨利四世之妻玛丽王后，后来成为了法国摄政王。

这个家族拥有热爱艺术和艺术品的传统，并且具有高超的艺术鉴赏力，对文艺复兴做出了巨大贡献，先后资助多位艺术名家，如马萨乔、多纳太罗、波提切利、达·芬奇、拉斐尔、米开朗基罗、提香、鲁本斯等。

[2] 壁画

指湿壁画，始于13世纪意大利文艺复兴时期，绘于室内的石灰墙面，画作的效果类似于水粉画，颜料需要溶于水。最大特点是墙灰未全干的时候就开始作画，这样，色彩与墙皮混在一起，不易脱落。成功的湿壁画具有不易剥落、不易龟裂、色彩鲜明而保持长久的优点，更具有肌理细腻、色彩层次丰富透明的特点。文艺复兴时期许多著名画家都有关于湿壁画材料的"独家秘方"，其中的成功代表如拉斐尔。而达·芬奇的名作《最后的晚餐》则很遗憾因材料的不成功而在本书中被提及。

在助理团队的协助下,瓦萨里完成了众多作品,他的矫饰主义绘画风,是托斯卡纳地区当时流行的艺术风尚。作为对文艺复兴时期古典主义和理想自然主义风格杰出艺术成就的响应,矫饰主义的特点是对风格和技法的痴迷超过了意义。瓦萨里的壁画至今还装点在佛罗伦萨的维奇奥宫和圣母百花大教堂,以及罗马的坎榭列利亚宫。作为建筑师,他参与建造了很多建筑,其中特别杰出的是比萨的骑士宫和罗马的朱利亚别墅。

瓦萨里于 1550 年发表了描写最杰出画家、雕刻家和建筑师的传记《艺苑名人传》,被称为"首位艺术史学家"。这部著作涵盖了从奇马布埃(Cimabue)到帕拉弟奥(Palladio)的众多意大利重量级艺术家和建筑师,并且以开创艺术欣赏的理念和创造"文艺复兴"一词而著称于世(而这股艺术"重生"

瓦萨里的画中精准实行了对立平衡技法❶。他对艺术大师达·芬奇、米开朗基罗和拉斐尔作品中的这种技法极为欣赏。

的观念在被瓦萨里命名之前，已经流行了一个多世纪了）。作为文艺复兴时期艺术鉴赏的奠基之作，《艺苑名人传》长久以来，因其生动的文体，包罗万象的百科知识而为人称道，但也因其不足考证的轶事和绯闻被人质疑，此外它在给佛罗伦萨艺术戴上桂冠的同时，忽略了意大利其他地区和欧洲其他国家的艺术成就。

本书为《艺苑名人传》的节略本，重点讲述意大利文艺复兴时期最伟大的三位艺术家——列奥纳多·达·芬奇，米开朗基罗和拉斐尔—— 并且生动表现出瓦萨里对他们艺术性和人格魅力的热情颂扬。

❶ 对立平衡技法
是绘画或雕塑时用于塑造人体姿态的技法。通常描述一种站姿：肩膀和胳膊扭转，偏离躯干正轴，与臀部和腿不处在同一平面上,用一条腿支撑身体重量。这样的技法使人体形态看起来更优美。

CONTENTS
目录

图片原引 *178*

DA VINCI
达芬奇
001

MICHELANGELO
米开朗基罗
035

RAPHAEL
拉斐尔
119

达·芬奇

列奥纳多·达·芬奇

Leonardo da Vinci

(1452—1519)

佛罗伦萨画家与雕刻家

  在大自然的演进中,最伟大的天才往往是因上天对人类的眷顾而降临人间;有些时候,在神秘的超自然力影响下,美丽、优雅和才干会无限度地集中于一人之身,使这个人无论专注于任何事物,都有如神助,从而清晰地表明这是天赐之物(事实也确实如此),而非人类的艺术所得。这些都集中体现在了达·芬奇身上,他除了那令人赞不绝口的俊美容貌,行为举止也优雅无比;他的才智远超众人,并且才华与日俱增,以至于无论遭遇什么难题,他都能轻而易举地解决。他不仅拥有充沛的体力,灵活的身手,还有着无比高贵的灵魂和巨大的勇气。因此达·芬奇名声大振,不仅生前就广受敬重,去世后的

皮埃罗·达·芬奇爵士的儿子，年轻的列奥纳多总是忙于各种各样的事情，他不停地画画和雕刻，渴求追寻一种适合自己梦想的艺术表达方式而非其他。皮埃罗爵士看到这些，认为自己的儿子才智超群。于是有一天，他带着达·芬奇的几幅画，去拜访了他的好友安德烈·德·韦罗基奥（Andrea del Verrocchio），向他咨询，如果达·芬奇投身绘画，能否成为职业画师。安德烈看到达·芬奇优异的起步之作后非常惊讶，于是敦促皮埃罗爵士，应该让他儿子学习绘画，因而父子二人计划好进入安德烈的绘画工作室，对此达·芬奇自己也是万分愿意的。

达·芬奇涉足了不止艺术这一个门类，而是几近涉足了全部的科学与艺术学科，其中绘画只占了一部分。比如他还是个卓越的几何学家，他还从事雕刻，年轻时，就用黏土堆塑出微笑的女性头像，并把它制作成石膏模型。同样的，还有一些男孩的头像，就像是出自大师之手。在建筑方面，他绘制了很多图稿，有平面图，还有其他一些建筑物的设计图。尽管年轻，他却是首位提出缩短亚诺河航程，修造连接比萨和佛罗伦萨航运通道的人。

神性的光辉

达·芬奇设计出了碾面机、漂洗机和可以用水力驱动的引擎。自从他将自己的职业定格为绘画，就在绘画上颇下苦功，在自然写生之外，有时用黏土制作出人体模特，在上面披上浸满泥浆的柔软衣物，然后开始耐心地将它们画在一种十分精美的兰斯布或是经过处理的亚麻布上。他以黑白色调描绘对象并诉诸笔端，在纸上勤学苦练，直至他的作品完美至臻，在这方面无人能出其右。在他的头脑中充满了神性的光辉，聪慧才智和卓然的记忆力共同造就了高超的表现力。于是

《康乃馨中的圣母》（THE MADONNA OF THE CARNATION），创作于1478—1480年间，最初被认为是安德烈的作品，现在则被确认为达·芬奇的早期画作。

他深知如何通过绘画表现自己的想法，如何通过演讲说服他人，以及如何利用他的理性、果敢和风趣驳倒众生。

他不断地制作模型并画出一张张设计图，告诉人们如何轻松地移走大山，如何凿穿山脉，从一个高度到达另一个高度。利用杠杆、绞盘和螺丝，他演示了如何提起和拖拉重物，以及清空海湾和从低处向上抽水的方法，他的大脑从没停止过此类的发明。

许多凝结着达·芬奇奇思妙想和劳动成果的设计画稿，流传到工匠们手中，至今还能见到。在这些模型和设计中，有一件他经常给当时统治着佛罗伦萨的精英阶层演示，就是如何抬起佛罗伦萨的乔瓦尼圣庙，并在下面建造台阶，而不破坏这座建筑。

与达·芬奇聊天是非常愉快的，他的谈话很引人入胜。而且，即使他一无所有，他身边也会留着仆人和马，他很喜欢马，他对所有动物都特别的爱护，表现出极大的爱心与耐心。

每当他经过卖鸟的地方，在付清卖主索要的钱财后，他会亲手打开笼子，把笼中鸟放飞空中，将失去的自由还给它们。为此，大自然对他回报以深情厚爱，无论他将思考、智慧和精神投向哪里，他的作品都会因完美无瑕而显露出非凡的力量，从而使作品的完备性、生动性以及卓越的美感与优雅的调性，无人能与之媲美。

❶ 维特鲁威

公元前一世纪罗马的一位建筑学家，他总结了当时的建筑经验，写成关于建筑和工程的论著《建筑十书》，共十篇。这是世界上遗留至今的第一部完整的建筑学著作，也是现在仅存的罗马技术论著。他首次谈到了把人体的自然比例应用到建筑的丈量上，并总结出了人体结构的比例规律。

《维特鲁威❶人》（THE VITRUVIAN MAN）表现出达·芬奇是如何计算人体比例。这个概念来源于罗马建筑师维特鲁威的论著。

安德烈·德·韦罗基奥的工作室

达·芬奇按照父亲的要求,从少年时起就去向安德烈·德·韦罗基奥学习艺术。那时候,安德烈正在为圣约翰受洗大教堂制作一幅嵌板画。达·芬奇在其中画了一个抱着衣服的天使,尽管他还只是个孩子,他所使用的绘画技法使他画出的天使比老师安德烈绘制的人物还要好得多。这也正是安德烈后来再也不碰油画的原因,免得被人瞧不起,说一个孩子比他懂得还多。

达·芬奇受托绘制了一幅门帘挂毯的底稿图,这幅挂毯将在佛兰德尔❶用金线和丝绸编织,然后送给葡萄牙国王。草图的题材是亚当和夏娃在人间天堂中的原罪。达·芬奇运用了明暗对比❷的技法,在用铅白色表现的光线照耀下,广袤的绿原上百草丛生,动物们漫步其中,事实上可以说这种专注于自然的艺术表现即使是神的智慧也无法如此完美。在画无花果树时,叶子使用了短缩法❸,而枝条则千姿百态表现得淋漓尽致;还有一棵棕榈树,树冠为辐射状的棕榈叶,表现手法精彩绝伦,也只有达·芬奇的耐心和聪明才能实现。

据说,达·芬奇的父亲皮埃罗爵士在乡间别墅时,他的农庄里曾有一位农夫自己伐木制作了一块无花果木盾牌,然后请他进城时帮忙找人在盾画上画些图案美化一番。皮埃罗爵士高兴地答应了他的请求,因为这位农夫捉鸟捕鱼的技术十分了得,常常帮他做这类的活计。出发前既没通知自己的儿子也没告诉那位农夫,他将盾牌带到佛罗伦萨交给达·芬奇,让他在盾面上随便画些什么。达·芬奇将这块盾牌在手上摆弄了一整天,看到它不仅弯弯扭扭还做工粗糙简陋,于是他用火烤直

❶ 佛兰德尔
 西欧的一个历史地名,当时纺织业最发达的地区。包括今比利时、法国和荷兰的部分地区。中世纪初期,毛纺织手工业在佛兰德尔兴起,出现了伊珀尔、布鲁日和根特等城市。到中世纪盛期,这些城市发展成为欧洲的工商业中心。

❷ 明暗对比
 意大利语chiaroscuro意思是"明亮-黑暗"。用细微的明暗渐变来造型,主要用于油画中。据说为达·芬奇首创。达·芬奇借用圆球体受光变化的原理,表现物体从明到暗的过渡是连续的,像烟雾一般,没有截然的分界,可以让画面更加生动和立体。

❸ 短缩法
 因被画的物体间高低(如树叶)或远近等原因,特意缩小尺寸,或不详细描绘。

达·芬奇
Da Vinci

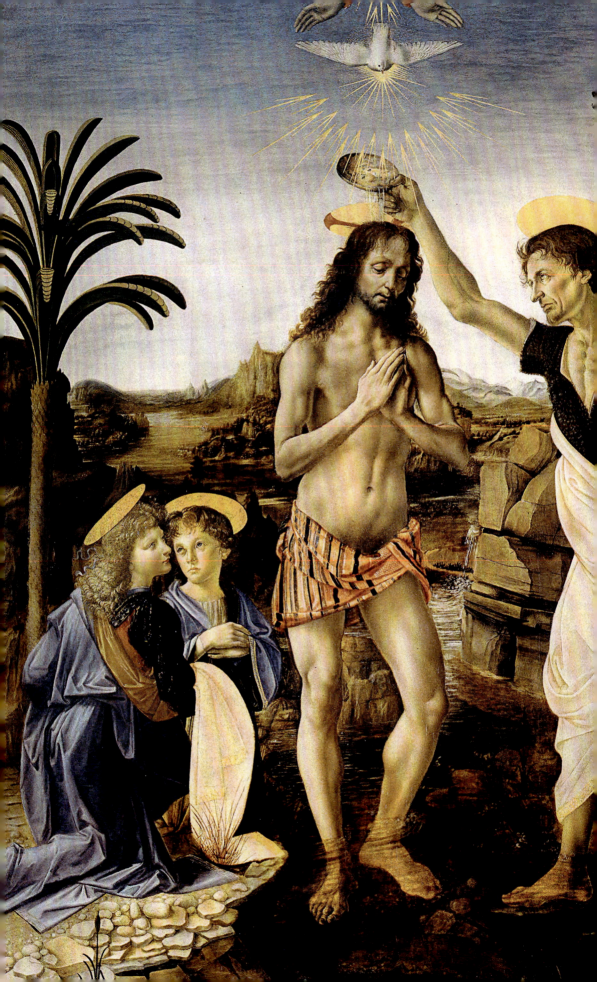

安德烈的《基督受洗》(THE BAPTISM OF CHRIST),其中一个天使(左面远处)为达·芬奇所绘。

了木板，把它拿到车床上，加工至平整光滑。之后，糊上一层石膏打底，用自己的方法进行了加工，然后开始思考在上面画些什么惊悚的东西，就像美杜莎的头颅[1]一样令人望而生畏。

为此，达·芬奇把盾牌带进了自己的房间，这间屋子除了他自己没人能够踏足，里面遍布了大大小小的蜥蜴、蟋蟀、蛇、蝴蝶、蚂蚱、蝙蝠以及其他诸如此类的怪异动物。他把这些动物拼凑组合，创造出了一个丑陋无比、空前惊悚和令人恐惧的巨型妖怪，它喷出有毒的气体，将空气燃烧成了烈焰。他令怪兽走出黑暗嶙峋的岩石，从张开的喉咙中喷出毒液，眼睛喷火，鼻孔喷烟，如此离奇的模样，让它看起来整个就是妖魔和恐怖的具体化身。达·芬奇用了很长时间才画完怪兽，那间屋里死亡动物的气味已经超过了常人忍受的极限，但达·芬奇却没有注意到，他对艺术的热爱已几近疯狂。

一天早上，他的父亲去房间观看盾牌，敲门之后，达·芬奇给他开了门，并让父亲稍等片刻。他走回房间，把盾牌摆好放在视线良好的画架上，然后把画架移到窗口，令光线变得柔和，然后请父亲进来观看。皮埃罗爵士第一眼看到就惊骇不已，仓促打量间，他既没认出那块盾牌，也没看出上面的东西只是画出来的。达·芬奇观察着他的反应，说道，"这是为末日而作，拿去吧，把它带走，因为这就是它本该达到的效果。"这件东西对皮埃罗爵士来说简直是个奇迹，他大加赞赏了达·芬奇的奇思妙想，然后悄悄地从小贩手里买下了另一块盾牌，上面画了一颗被弓箭穿透的心，他把买来的这块盾牌送给了那个农夫，农夫一生都十分感激他。之后，皮埃罗爵士悄悄把达·芬奇画的盾牌卖给了佛罗伦萨的一个商人，售价100金币。没过多久，它就被那个商人以300金币的价格卖到了米兰公爵手中。

[1] **美杜莎的头颅**
美杜莎是古希腊的蛇发女妖，凡直视她眼睛的人皆会石化。这个妖怪被英雄佩尔修斯斩杀，并将其头颅献给了雅典娜，因此美杜莎的头颅被镶嵌在雅典娜的神盾中，成为雅典娜克敌制胜的法宝。古希腊艺术作品中，美杜莎常被画成吐舌露齿，头长毒蛇，面目狰狞的样子。这种造型拥有驱邪的功效，而绘在盾牌上则可以恐吓敌人。

达·芬奇画过一幅圣母像,是教皇克里门特七世所有收藏品中最卓绝的佳作;此外,他还写生画过一个玻璃瓶,瓶中盛满了水还插着几枝鲜花,除了对自然写实的绝妙表现,他还在花上逼真地画出露珠,使得它们看起来比真正的鲜花还要娇艳美丽。他为安东尼奥·塞尼(Antonio Segni),他的至交好友,在一张纸上画了一幅《海神》图,由于绘画技法认真严谨,看起来完全就是活生生的。画中可以看到波涛汹涌的海洋,由海马驾驭的海神战车,还有一些神奇的生物,海怪、海风,以及貌美非常的海神头像。

这是非凡的成就,为了追求作品所能达到的最佳表现力,天才的达·芬奇绞尽脑汁。他在描绘不断深入的暗影中,寻求达到人力所及的最极致的黑;不断寻找着能够表现出更深阴影和更为纯正的黑色的方法,同样地,达·芬奇也可以令他画中的光线更为明亮。最终,他用这种技法成功绘制出不见丝毫微光的极致黑暗,他的画作也因此更像是为了表现夜晚而画,而不是为了表现白天的清澈,所有这些都是在追求极致表现力和艺术的终极完美的过程中实现的。

男人头像与女人头像

达·芬奇每次见到样貌奇特,胡须或头发自然疯长的男人都很兴奋,他可能会跟着某个让他感兴趣的人一整天,并且小心翼翼地将其记在脑海中,回到家后,他就能把他画下来,就好像这个人就在他眼前。这类画像存世的很多,男人像女人像都有,并且,我拥有一些他亲笔画的铅笔素描,比如阿美利哥·韦斯普奇[1](Amerigo Vespucci)像就是如此,那是一幅用炭笔画的非常美的老人头像。

[1] 阿美利哥·韦斯普奇
探险家阿美利哥·韦斯普奇,伟大的航海家,曾四次到南美洲进行探险航行。他对于所到达的国家做了非常细致的描述。这些文字在欧洲流传甚广并给他带来极大的声誉:人们认为他是真正的美洲的发现者。

达·芬奇的画作《海神》(NEPTUNE)表现了海神驾着战车穿过波涛汹涌的大海的场景。这是为教皇制币所的大师安东尼奥·塞尼而作。

同样的还有一位吉卜赛船长斯加拉·穆西亚（Scaramuccia）的画像。达·芬奇还画了一幅名为《三博士朝圣图》的嵌板画，其中包含很多美丽的事物，特别是人物的头部十分出彩，但可惜一直没有完成。

耶稣降生

1494年，恰逢米兰公爵乔万·伽里亚佐（Giovan Galeazzo）去世，路德维克·斯福尔扎（Lodovico Sforza）成为新公爵。因新公爵久仰其大名，达·芬奇被传召至米兰。这位公爵非常喜欢竖琴的琴声，甚至自己都能演奏。于是达·芬奇随身带着一件自己亲手制作的乐器，器身大部分是白银铸造的，形状像马头，新奇又古怪，这样的构造都是为了使声音更响亮，音质更浑厚，用这件新乐器，达·芬奇超过了前来合奏的所有音乐家。除此之外，他还是那个时代最好的即兴诗人。公爵本人在听到达·芬奇精彩的吟诵后，对他的才华大为欣赏，更不可思议的事发生了：公爵甚至劝达·芬奇画一幅描绘耶稣降生的祭坛画，并由他献给教皇。

达·芬奇的《三博士朝圣图》（ADORATION OF THE MAGI）表现了三位智者朝拜圣婴耶稣的场景。在背景中，损毁的建筑和战斗的骑士代表了异教徒信仰的终结，以及新时代的来临。在右边远处望向画外的年轻牧师被认为是作者的自画像。

最后的晚餐

　　达·芬奇还为米兰圣玛利亚感恩大教堂下属的道明会修道院绘制了《最后的晚餐》,一幅美丽非凡精彩绝伦的巅峰之作。他将使徒们的头部描画得庄严唯美,但耶稣的头像却留下没有完成,因为他担心自己无法赋予耶稣圣像必不可少的神圣气息。这幅画就这样一直没有最终完成,从那时起它就被米兰人以最高的敬意保留下来,外来的入侵者们对它也同样喜爱,没有破坏过它。达·芬奇通过想象,成功地表现出使徒们的紧张情绪,那种因急于想知道是谁背叛了他们的主人的紧张焦虑感;达·芬奇令使徒们因为不同的原因,面容上呈现出爱、恐惧与愤怒等诸多情绪,抑或是因无法理解耶稣话中的含义而难过。这种情绪的表达与视觉效果同样惊艳,与之相反的,则是犹大表现出的冥顽不灵、令人厌憎和背信弃义。

　　更不用说这幅画的每个细微之处都表现到惊人的程度,甚至桌布的纹理,都画得如此逼真,看起来比真正的亚麻布还要真实。

　　传说那个修道院的院长一直催促达·芬奇完成这幅画,因为在他看来,艺术家有时候大半天光景都陷入沉思是无法理解的事情,他想让达·芬奇一刻不停地画,就像花园中不停除草的工人,画笔不要停歇。由于对达·芬奇工作效率不满,他向公爵告状抱怨了此事。公爵是个热心肠,他无奈之下派人去找了达·芬奇,小心翼翼地催促他干活儿,尽管如此,他还是设法表明了他所做的一切都是应院长所求。达·芬奇了解到公爵殿下的聪慧敏锐以及明察秋毫,于是很高兴地就此画的创作和他进行了广泛的探讨,而这些话题他却从没和院长谈过。

完美创意

达·芬奇同公爵讲了很久,从而让他了解到,有时候聪明人可以事半功倍地完成作品,是通过在脑海中不断掂酌和完善创意,成竹在胸,然后再动笔把构思好的形象表达和演绎出来就可以了。比如,他的脑海中就在构思着两个需要绘制的头像,其中之一是耶稣的头像,这个他觉得无法在人世间找到现成的模特,也无法在想象中构思出那种上帝化身所应有的美轮美奂以及天神般的优雅。其次要画的是犹大,这个头像也令他苦思良久,觉得无法想象出,这样一个恩将仇报背叛他的主、世界的创造者的叛徒的面部表情特征。达·芬奇想为后者找一个模特,但如果到最后,找不到更好更合适的人选,他可能就要画上那个刻薄抱怨喋喋不休的院长的脸了。这些话深深打动了公爵,让他大笑起来,认为达·芬奇说得非常有道理。

于是,迷惑不解的修道院长,只好去花园中监工,不再打扰达·芬奇。达·芬奇只完成了犹大的头部,使其看来完全是背信弃义与心肠狠毒的典型代表;而耶稣的头像仍旧没有完成。这幅画的高华之处,既来源于其设计构思精妙,又因其画工逼真细腻精美无比。因此法国国王对它起了贪欲,想把它运回自己的王国。这位国王尝试了所有可能的方法,想找到是否有建筑师可以用钢木交叉的支架将画安全地运走。但是壁画与墙面融为一体的事实,让这位国王陛下无计可施,于是这幅画留在了米兰。

在绘制《最后的晚餐》的同一间餐厅内,在墙面尽头,按照古老的习俗留有一个"惊喜",达·芬奇描绘了前面提到的路德维克公爵,以及他的长子马西米

《最后的晚餐》(THE LAST SUPPER)直接绘制在米兰附近的圣玛利亚感恩大教堂修道院的墙壁上。达·芬奇没有什么绘制壁画的技巧和经验,他选择的颜料相当糟糕,在他在世的时候就已经开始褪色脱落了。

利亚诺。在墙的另一面,他画了公爵夫人碧翠丝和他们的另一个儿子佛朗西斯科(马西米利亚诺和佛朗西斯科两人后来都当过米兰公爵)。当达·芬奇绘制这幅画作的时候,曾建议公爵建造一匹空前巨大的青铜马,然后再制作公爵的雕像骑在马上,建成纪念碑。但是因为他设计的尺寸和开工建造的规模过于庞大,最终雕像没有完成。

也有这样的说法(世人的评说总是众说纷纭,并常常因嫉恨而充满恶意),说是达·芬奇开工建造这个铜像时,根本就没想过完成它,因为体积过于庞大,在将其铸造成型时会遇到难以逾越的技术屏障。但事实上,值得信服的原因是,达·芬奇那优秀庞杂的大脑充满了太多的想法,想要精益求精,苛求完美,才是最终无法完工的原因。"Tal che l'opera fosse ritardata dal desio❶,"这件作品止步于欲望之渊,就像彼特拉克❷曾说过的那样。而那些见过达·芬奇制作的巨大黏土模型的人们,发誓说他们从没见过比它更美的东西;这个模型一直保留在米兰,直到法国国王路易❸把它打碎。同期丢失的还有一尊保存完好的小蜡像和一本达·芬奇研究编写的关于马的解剖学图谱。

❶ Tal che l'opera fosse ritardata dal desio
英文应为:The work was delayed by the desire.意思是这件作品止步于欲望之渊。
❷ 彼特拉克
弗兰西斯科·彼特拉克(Francesco Petrarca,1304—1374),意大利学者、诗人,文艺复兴第一个人文主义者,被誉为"文艺复兴之父"。他以其十四行诗著称于世,与但丁、薄伽丘齐名。
❸ 法国国王路易
大约在16世纪,欧洲大陆上,法国和西班牙因为争夺意大利进行了旷日持久的战争,曾先后入侵意大利。本书中提到的侵入米兰,毁坏达·芬奇青铜大马黏土模型的国王为法国国王路易十二(Louis XII,1462—1515)。

《后背方向的右臂肌肉研究》(STUDIES OF THE MUSCLES OF THE RIGHT ARM FROM THE BACK),1515。达·芬奇是首位绘制人体解剖三维图的画家。他用衣物遮住口鼻,在夜晚解剖尸体,并在烛光下绘图。

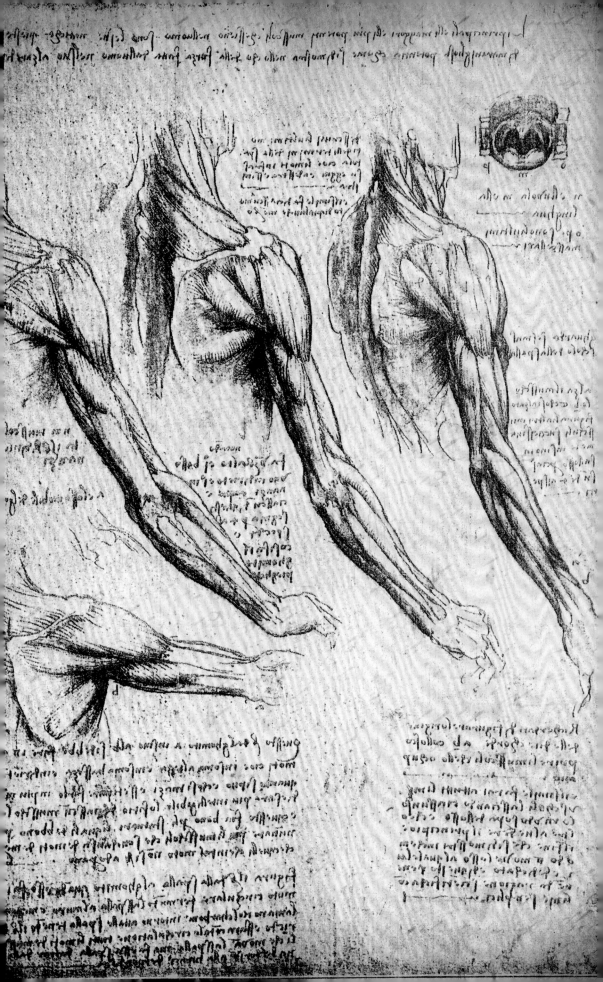

解剖型绘画

达·芬奇那时开始投身于人体解剖学的研究，他的工作得到了马克·安东尼奥·德·托雷（Marc' Antonio della Torre）的协助。他是一位杰出的哲学家，在帕维亚任教，并写过解剖方面的专著，同样的，达·芬奇的研究对托雷也是有所助益的。托雷是最早给盖伦❶（Galen）学说的医学问题绘制插图的先驱之一，这一举动给那时被无知阴云笼罩的解剖学投去了真正的光明。在这方面，达·芬奇的头脑和绘画为他提供了极好的帮助，达·芬奇绘制了一本关于人体解剖的图谱，里面用红色粉笔作画，用钢笔作注释，记录的都是他亲手解剖的尸体。他极为详尽地描绘，表现出全身骨骼的框架，然后依次绘出筋络，并覆上肌肉，框架固定了全身的骨骼，筋络使得身体结实有力，而肌肉使身体可以运动自如。除此之外，他用左手反向书写下文字，一部分一部分地写。没有经过特殊训练的人是无法读懂这些文字的，除非是通过镜面的反射才有可能读懂。

❶ 盖伦
　　盖伦，古希腊解剖学家、内科医生和作家。他做了许多动物解剖，开创了解剖学和实验生理学先河。盖伦的医学思想源于希波克拉底，哲学观点源于亚里士多德。他的著作范围涵盖哲学、医学、数学等。

❷ 晕染着色法
　　达·芬奇通过不断的观察发现了物体轮廓的特点。轮廓线在大自然中并不存在，于是达·芬奇就用手指把所有的轮廓线条抹散，这种方法被称为"晕染法"。让坚硬的线条模糊化，背景和人物就能完美融合在一起。晕染法将同色系明度不同的颜色晕染成一片，营造出一种如梦似幻的迷雾效果，让线条柔和而不尖锐。经现代技法研究，《蒙娜丽莎》就是由多层轻薄的颜色晕染而成，颜色层次有30多层。

《圣母，圣子与圣安娜》（THE VIRGIN AND CHILD WITH S. ANNE）完成于1508年。它清晰地表现出达·芬奇首创的晕染着色法❷，并且精致的三角构图代表了跨越三代的三位一体——祖母，女儿和孙子。

圣母与圣安娜

达·芬奇回到了佛罗伦萨,他发现圣母玛利亚会的修士把农吉亚塔教堂的圣坛画委托给了菲利皮诺(Filippino),对于这幅圣坛画,达·芬奇表示他很愿意做这件作品。菲利皮诺是个温柔可亲的人,他听说了这事儿后,就退出了这个他应承下来的活计。于是最终还是要由达·芬奇来作画,修士将达·芬奇带去了修道院,并支付了他及全家的费用开支。

最终,他画出了一幅描绘圣母、圣子与圣安娜的草图,这幅画不仅被所有的画师们奉为奇迹,当它完成之际,整整两天时间,男男女女,老老少少,成群结队地来到画作所在的房间瞻仰,仿佛一场庄严的仪式。因为这幅画中,耶稣之母被赋予了以往圣母图上从所未见的质朴与优雅并存的美丽——画中追求的是端庄大气与人性化的结合。圣母玛利亚,在看到美好的圣子时,表现出极大的喜悦,用至真至纯的目光,凝视着儿子与小羊羔一同玩耍。而圣安娜,同样满怀欣喜地看着她尘世间的子孙出落得如此非凡。

蒙娜丽莎

达·芬奇答应为弗朗西斯科·戴·乔康多(Francesco del Giocondo)的妻子蒙娜丽莎画一幅肖像画。在这幅肖像中,无论是谁都能很容易地领略到艺术可以多么地接近真实。因为它惟妙惟肖地展示出了所有能够被绘画技巧表现出的微妙细节,画中人物的双眼中可以看到宛若真人的鲜活光泽与水润,围绕眼睛周围的则是玫瑰和珍珠般的色泽,只有极致的微妙才能表现出来。事实上,可以这样说,这幅画中所运用的技法使得每一个勇敢的画师,不论是谁,都受到震撼并失

世界上最著名的画作《蒙娜丽莎》(乔康多夫人)[MONA LISA (LA GIOCONDO)],公元1502年。

去了自信。

达·芬奇在画肖像画的时候，总是雇人在旁边进行表演或唱歌，小丑们会使被画的人保持愉悦情绪，从而避免肖像中常见的忧郁。在达·芬奇的这幅作品中，有一抹极为令人愉悦的微笑，美好圣洁得超越了人们的想象，它被认为是个奇迹，因为现实中也无法找到更为生动的模本。

因为那时候这位创造奇迹的画家声名鹊起，他的作品在所有爱好艺术的人们中变得炙手可热——不仅如此，整个佛罗伦萨城的居民——都希望他能留下一些纪念，于是各处都建议委派达·芬奇来完成一些重大和神圣的作品。那时大议会厅刚刚建成〔这个建筑是由朱利亚若·圣加罗（Giuliano da San Gallo），西蒙·波拉约洛（Simone Pollaiuolo）别号伊尔·克罗纳卡（Il Cronaca），米开朗基罗·博那罗蒂（Michelangelo Buonarroti），巴乔·达尼奥洛（Baccio d'Agnolo），共同策划和商议建成的〕并且完工得非常匆忙，城邦长[1]（Gonfalonier）和市长决定由达·芬奇绘制一些漂亮的壁画来装点它。于是，当时的城邦长皮埃罗·索德瑞尼（Piero Soderini）通知达·芬奇大厅分配给他画了。为了完成这个作品，达·芬奇在圣玛利亚教堂的教皇厅里开始画草图，画作展现尼科洛·皮奇尼诺（Niccolò Piccinino）将军的故事，他是米兰公爵菲利波（Filippo）手下的一名将领。

安吉亚里战役

达·芬奇在画中描绘了抢夺战旗的一组骑兵，这件作品一直因其组织战斗场面

[1] 城邦长
旌旗手，中世纪意大利城邦城市首领的称呼。

的绝妙构思为人称道，而被公认为经典之作，并且绘画技法的掌握也极为精到。无论是士兵还是战马，都充满了仇恨和怒火，复仇之情清晰可见。其中的两匹战马，前腿缠绊在了一起，如同它们的主人一样勇猛，互相撕咬。一个士兵抓住了战旗，他一边肩膀着力并转身策马，用蛮力从另外几人手中抢夺旗杆。

四人中的两人尽力抵挡，他们用一只手拉住旗杆，另一只手则举起利剑，试图将它砍断。中间头戴红帽的年长士兵嘶吼着，一手抓着旗杆，一手举起了弯刀，疯狂奋力地一击，想要砍断敌人的双手，而对战的另一方也在战斗中咬紧牙关，竭力以最凶猛的姿态来保卫他们的战旗。

地面上，在马腿之间，有两个用前缩透视法绘制的士兵正缠斗在一起。其中一个压在另一个身上，正尽力将胳膊举到最高，以便匕首能更迅猛地刺入对方喉咙，了结他的性命；另外一个被压倒在地，则用自己的胳膊和大腿挣扎搏斗，竭尽所能地逃离死亡的厄运。

达·芬奇对士兵军装制服的奇妙设计很难用言语描述，所有服饰都被描画得不尽相同，但在头盔的羽冠和其他饰品上又相似而统一，更不用说他在马匹形体和轮廓特征上的精准掌控，在描画马的暴躁神态，以及肌肉和曲线的美感上来说，达·芬奇超越了其他所有绘画大师。传说，为了绘制这幅画的草图，达·芬奇制造了一个极为精巧的工作台，能够靠气压升降，充气升高，放气下降。并且，因为达·芬奇希望能在墙面上用油彩作画，于是调制出了一种极为黏稠的混合物作为墙面底漆，打算涂在前面提到的那个大厅里，然而这种底漆的效果却不理想，很快开始脱落，达·芬奇不得不放弃了这个想法，任由它剥离殆尽。

时值利奥教皇选举，达·芬奇和美第奇家族的朱利亚诺公爵一起来到了罗马。教皇花费了很多时间来进行哲学研究，并且特别痴迷炼金术。

达·芬奇的作品《安吉亚里战役》（BATTLE OF ANGHIARI），绘于1505年，大约在1560年损毁。彼得·保罗·鲁本斯的粉笔，钢笔和墨水画《旌旗之战》（THE BATTLE OF THE STANDARD），是原壁画的摹本。据一些历史学家说，尼科洛·皮奇尼诺将军就是画中的扛旗者，左起第二人。

达·芬奇实验了他的飞行器,他用一种蜡块,捏成动物的形状,然后在里面充满空气。他制作的这些中空蜡像可以飞上天空,但是一旦风停了就会掉回地面。一天,贝尔维蒂宫(Belvedere)里种葡萄的园丁发现了一种非常奇特的蜥蜴,达·芬奇用其他蜥蜴身上剥下来的皮,给这只蜥蜴安装上了翅膀。又在翅膀中注入了水银,这样,当这只怪蜥蜴行走的时候,翅膀也能随之颤动着运动起来。然后,他又给这只怪蜥蜴制作了一双眼睛、两只犄角和一根髭须,方便他能驯服蜥蜴并且留着供人参观;达·芬奇想把它展示给来访的朋友们,而所有见到它的人都吓得落荒而逃。

解剖

达·芬奇不止一次地把羊肠削刮洗净,使它们又薄又细,细到能握进人的手掌心里;然后他会在隔壁房间里放置一副铁匠用的鼓风机,飞快把肠子一端连上鼓风机,然后一直往里充气,直到羊肠把整个房间充满,房间本身很大,而充气量之多让屋里所有人都被迫退到了角落里。达·芬奇给大家展示充满空气的透明羊肠,并说,尽管它们之前只占小小的一点地方,现在却充满了整个空间。

达·芬奇对镜子和光学仪器同样兴味十足,他尝试了千奇百怪的方法来研制绘画用的油彩以及保存画作的清漆。在此阶段,他为巴尔达萨雷·都灵·达·佩斯卡(Baldassarre Turini da Pescia),也就是利奥教皇的评审大主教[1],画了一幅怀中抱着圣子基督的小幅圣母图,画工精致繁复又艺术感十足,然而不知是因为制作石膏板的匠人的过失,还是达·芬

[1] 评审大主教
教皇办公室的首领,拥有评审教皇候选资格的职权。

奇本人无数次繁复调和的背景和色彩，这幅画现在已经严重损毁了。而在另一幅小幅肖像作品中，达·芬奇描画的小男孩的肖像，美丽和雅致得令人叹为观止。

晚年时光和达·芬奇之死

终于，由于年事已高，达·芬奇缠绵病榻数月之久，并且感觉到自己已经时日不多，他开始不倦地学习天主教美好的人生信条和神圣的基督教教义。于是，他喘息呻吟着，忏悔并悔恨自己的罪孽深重；尽管他已经不能独自站立起身，靠着朋友和仆人的搀扶，他还是很高兴下床，虔诚地去参加重大的宗教圣事。

国王陛下时常来看望他，那时正好走进了房间，达·芬奇出于尊敬，起身倚坐在床上，给了他自己病情的病历并告诉他现在的情况，从而表明了他没有做好自己理应完成的工作，是如何严重地冒犯了上帝和世人。随即，他的病情突然发作，被死亡的使者带走；而那时国王正帮忙抬起并抱着他的头，想表现出自己最后的善意，来纾解达·芬奇的痛苦并安慰他圣洁的灵魂，要知道在达·芬奇75岁的一生中，没有什么比死在国王的怀抱中更为荣耀的了。

达·芬奇的离去在所有认识他的人们中引发了悲痛，因为从来没有人像他一样赋予绘画如此光芒。他那华美璀璨的光辉形象，安抚了每一个破碎的心灵：他用自己的语言，用明确的是与非，回应了每一处保守迂腐的陈规陋习。他用强健的体魄，阻止任何怒火中失去理智的言行，他有力的右手，可以扭弯门铃上的铁环或是马掌，仿佛它们只是笔芯。他用自由精神，汇聚人心并支持每个朋友，无论他们贫穷还是富有，只要他们拥有智慧和才华。他为每一件参与的事情增光添彩，不论是何种层面上都带来荣耀，并且从不会裹足不前；因此，事实上，

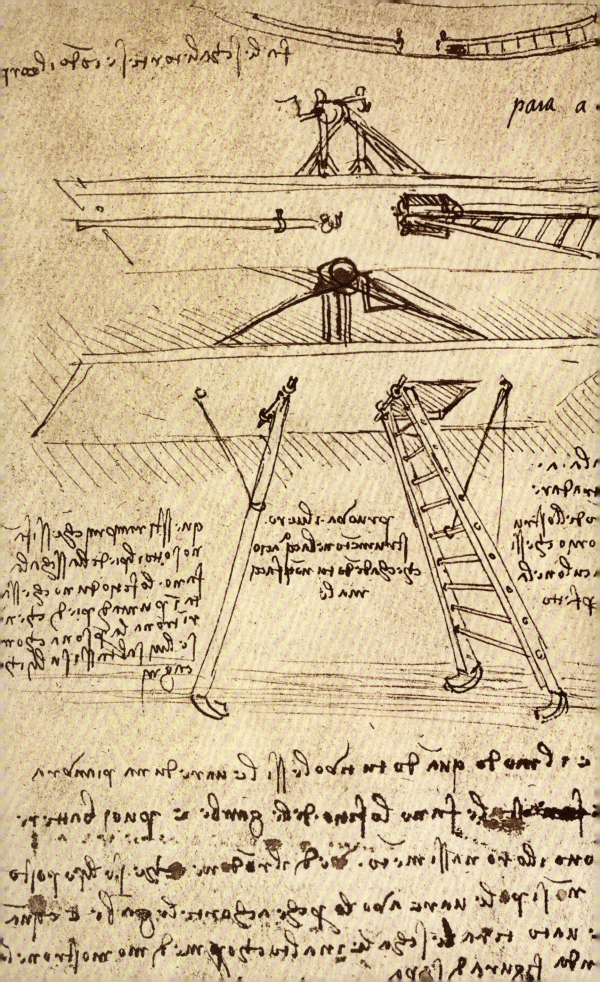

达·芬奇的降生,是佛罗伦萨得到的巨大的礼物,又因他的逝去而蒙受了不可估量的损失。

在绘画艺术上,达·芬奇在油画上色方式上增添了一定程度的明暗,这对现当代的绘画发展给予了极大的帮助。在雕塑方面,他用三座青铜像证明了自己的价值,这三座铜像位于圣乔瓦尼门上,朝北的方向,作品由乔万·弗朗西斯科·鲁斯蒂奇(Giovan Francesco Rustici)完成铸造,但却是在达·芬奇的建议下设计出来的;它们是现代所能见到的最美丽的青铜铸件,设计绝佳且完美无暇。也因有了达·芬奇,我们拥有了有史以来最为详尽的有关马和人体的解剖学知识。

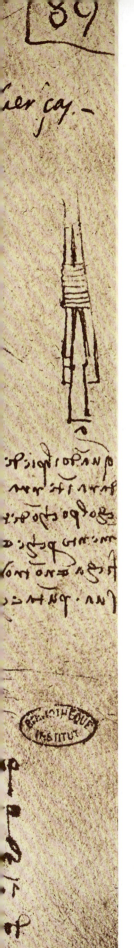

达·芬奇的飞行器草图,表现出
他超强的观察力和想象力。

米开朗基罗

米开朗基罗·迪·洛多维科·博那罗蒂·西蒙尼

Michelangelo di Lodovico Buonarroti Simoni
（1475—1564）

佛罗伦萨画家，雕塑家及建筑师

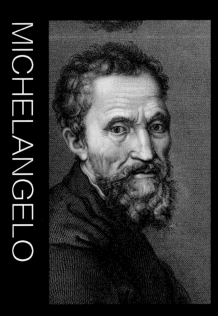

　　在乔托❶（Giotto）及其追随者光辉的指引下，极致的高尚与不辍的勤勉精神得到发扬，他们向世人证明他们所得的能力是受星辰的护佑，是恰如其分的天赋成就下的才智和灵感，直至仁慈的天父令一个精通全部艺术门类和所有手工行当的天才降临之间。上天赋予他真正的伦理哲学，又给他甜美的诗情画意，使他的人生，他的作品，以及他的圣洁品格都可以作为世人崇敬的最高榜样。上帝看中了托斯卡纳这个不论在绘画、雕塑还是建筑方面的艺术成就都远超其他众城的地方，于是，选择那里最著名的城市佛罗伦萨作为天才的故乡。

　　在一颗命定的幸福之星的照耀下，1475年，在托斯卡纳东部的卡森蒂诺（Casentino），一个男孩儿降生在洛多维科·迪·列奥纳多·博那罗蒂·西蒙尼（Lodovico di Leonardo Buonarroti Simoni）的家。那一年，洛多维科担任阿雷佐教区内，临近萨索·德拉·维尼亚的丘西和卡普列塞的市政官❷。3月6日周六晚上大约8点钟，他的儿子降生了。大概是受到上天的启示，他给这个男孩取名米开朗基罗。在市政官的任期结束后，洛多维科回到了佛罗伦萨，定居在离佛罗伦萨三英里的塞蒂尼亚诺村，在那里他拥有一座农场。村子周边有许多灰石的采石场，米开朗基罗被送到乳母处照顾，她是一位石匠的妻子。后来米开朗基罗开玩笑地对瓦萨里说："要是我的头脑中天生有什么好的东西，那也是因为我是在阿雷佐纯美的空气中出生的……甚至在我吸着乳母的乳汁时，就在不断地雕琢和锤炼，打造自己的样子了。"

---

❶ 乔托
　　乔托·迪·邦多纳（Giotto di Bondone）1266—1337年，意大利画家、雕刻家与建筑师，被认定为是意大利文艺复兴的开创者，被誉为"欧洲绘画之父"。在英文中称呼就如同中文一样，只称他为乔托（Giotto）。
❷ 市政官
　　中世纪意大利市政当局的高级官员。

洛多维科家的家庭规模随时间壮大了起来,他靠着微薄的薪水,让儿子们到丝毛织物行会当学徒。米开朗基罗要跟随弗朗西斯科·达·乌尔比诺（Francesco da Urbino）大师学习语法,但是,由于他自己天生喜爱绘画,就抓住一切可能的时间偷偷画画。为此,他被自己的父亲和其他长辈责骂,有时还会挨打,他们觉得学艺术是件奢侈又不够体面的事情,配不上他们古老的家族。

在吉兰达约的学徒生涯

这个时期,米开朗基罗和弗朗西斯科·格拉纳齐（Francesco Granacci）成为了好朋友,后者住在多米尼克·吉兰达约（Domenico Ghirlandajo）那里学习绘画艺术。格拉纳齐看到米开朗基罗非常倾心于绘画,就每天将吉兰达约的画作拿给他看。吉兰达约是那时被公认的整个意大利最优秀的艺术大师。由于米开朗基罗想要投身艺术的愿望与日俱增,洛多维科发觉已经无法把这孩子的注意力从绘画上转移开了。于是终于在米开朗基罗14岁那年,把儿子送去吉兰达约那里做学徒。

米开朗基罗的画技提高神速,以至于吉兰达约非常惊讶,觉得他的画作已经超越了一个孩子的水平,因为在他看来,米开朗基罗不仅远超其他学徒,更是已经常常能和自己这个师父并驾齐驱。

一个在吉兰达约座下学画的年轻人临摹了一些老师画的披着头巾的女人像。看到这些临摹作品,米开朗基罗拿出一只粗铅笔,用新的笔法勾勒出了其中一个女子的身形,他的技法使人像变得完美无瑕。一个活泼而又大胆的小家伙,能有

米开朗基罗的美丽画作《埃及艳后和小蛇》（CLEOPATRA WITH AN ASP）,完成于1530年左右。

勇气改进师傅的画作，这样的智慧和才华真是令人惊叹。

当吉兰达约在新圣母玛利亚大教堂工作时，米开朗基罗被派去绘制工作台，和一些在那里工作的年轻人一起。当吉兰达约回来后看到了米开朗基罗的画作，说道"这孩子懂的比我多"，并且他对年幼的弟子所表现出的新颖的写真技法大感吃惊。这是一个工作了多年的手工艺人所能期望的最精湛的技艺。

那时候，德国人马提诺（Martino）带着一幅名为《恶魔击败圣安东尼》的画作来到了佛罗伦萨。米开朗基罗仿画了它，他先用铅笔打稿，然后又用油彩上色，将画中那些造型奇特的魔鬼画得惟妙惟肖，足以以假乱真。他还仿制过许多古代大师的画作，同样逼真得难辨真伪，因为他用烟和其他各种材料，运用不同的方法使它们看起来古旧且颜色非常暗沉，而显得年代久远。

那时候，华丽大公洛伦佐❶（the Magnificent Lorenzo de'Medici）热切地想在家乡的圣马可广场创办一所培养优秀画家和雕塑家的艺术学校。由贝尔托多（Bertoldo）任校长和导师。贝尔托多尽管年事已高，不能再亲手制作雕塑了，却是雕塑之父多纳托❷（Donato）的学生，同时也是一位久负盛名的雕塑大师。他曾亲手制作了很多战争题材的青铜铸件以及其他一些小型作品，在佛罗伦萨无人可及。洛

❶ 华丽大公洛伦佐
美第奇家族第一代王科西莫大公的孙子。1469年即位，是文艺复兴盛期最著名的艺术赞助人。
比起先人，洛伦佐的文化修养更胜一筹。他自己就是一位著名的诗人和艺术评论家，身边聚集着当时最优秀的学者、文人和艺术家。他赞助过的艺术家中就包括达·芬奇和米开朗基罗。如同文中所述，洛伦佐最先注意到了米开朗基罗的才华，对他倍加重视和爱护，后来更充当了他的保护人。后来米开朗基罗受教皇利奥十世（华丽大公洛伦佐之子）委托，在佛罗伦萨为美第奇家族建造陵墓。陵墓中有一座华丽大公洛伦佐的雕像，英俊的面容，华美的衣饰映衬着深沉的忧思，或许，这就是艺术家对他第一位保护者的理解吧。

❷ 多纳托
即多纳太罗（Donatello），米开朗基罗的师父贝尔托多的老师，被尊为雕塑之父，其作品遍布佛罗伦萨乃至整个意大利。他对古罗马雕塑的理解和认识在当时无人能及，死后被安葬在美第奇家族的墓地，圣洛伦佐教堂内，足见其地位。
他最著名的作品青铜雕塑《大卫》（约1440年）是第一件复兴了古代裸体雕像传统的作品，现藏于佛罗伦萨巴杰罗美术馆。自古希腊、古罗马的裸体雕塑后，一千来年已没再有过裸体的艺术品。而多纳太罗的这件《大卫》，是欧洲一千多年来的第一件裸体艺术品。在当时的佛罗伦萨是不能被接受的，好在有开明的美第奇家族的支持。大卫头戴着象征胜利的月桂冠，面部略带胜利的微笑。脚下踩着刚刚割下的歌利亚硕大的头颅。据说大卫头上的帽子和脚上的鞋，也算是对当时不能接受裸体雕塑的小小妥协。而几十年后米开朗基罗的《大卫》则是全裸了。

伦佐很遗憾地看到，很少有雕塑家的地位与声名足以与画艺卓著的画家们相提并论，于是他决心成立这所学校。为此，他询问多米尼克·吉兰达约能否派遣工作室中喜爱雕塑的年轻人去他的花园接受培训。于是，吉兰达约给了他最优秀的年轻人，其中包括米开朗基罗和弗朗西斯科·格拉纳齐（Francesco Granacci）。

美第奇家族

不久之后，米开朗基罗开始着手用大理石仿制一尊古老的牧神潘恩❶（Faun）头像，年迈的牧神脸上布满皱纹，鼻子残破，咧嘴大笑。在此之前米开朗基罗还从没碰过大理石和凿子，然而他却完成得非常出色，以至于让华丽大公洛伦佐倍感惊讶。脱离了古代牧神头像的形式，他运用自己的想象力凿出了张开的大嘴，雕刻出舌头，并且能够看到满口牙齿。洛伦佐高兴地对他玩笑说，"你当然应该知道，苍老的古神可不能有如此整齐的牙齿，总是会缺少一部分的。"米开朗基罗似乎对洛伦佐大人既仰慕又敬畏，觉得他说的是事实；于是洛伦佐离开后不久，他就敲掉了雕像的一颗牙，并且挖空了牙龈，让牙齿看起来好像自然掉落的样子。等洛伦佐再次回来，见此情景不禁大笑连连，并且把这个故事当奇闻一样讲给了他的朋友们。

他决心资助米开朗基罗，于是告诉米开朗基罗的父亲洛多维科，他想收养这个男孩，把他当做自己的孩子来养；洛多维科欣然同意，便放弃了抚养权。从那时起，米开朗基罗在华丽大公洛伦佐家中有了一个自己的房间，他在那里生活了四年，直到1492年洛伦佐去世。

❶ 牧神潘恩
在古希腊神话中，半兽半人的牧神是创造力、音乐、诗歌与性爱的象征，同时也是恐慌与噩梦的标志。据说潘恩头上长着一对山羊角，下半身长着一条羊尾巴与两条羊腿。牧神也是山林之神，同时也是一位出色的音乐家，能用芦笛吹奏出美妙的曲子。

半人马之战

在波利齐亚诺❶（Poliziano）的建议下，米开朗基罗用一块大理石雕刻出了《半人马之战》，这件作品美丽非凡，现今看来似乎不是出自一位年轻人之手，而像是出自德高望重的大师，精深的艺术造诣与熟练的表现技法在雕塑上展现得淋漓尽致。

米开朗基罗花了几个月的时间在卡尔米内圣母教堂内临摹马萨乔（Masaccio）绘制的壁画，在那里他不仅仅是临摹这些作品，也在画作中加入了很多自己的见解，他的名气也变得越来越大，这让其他工匠们开始对他越来越妒忌。托里贾诺（Torrigiano）在和他做了一段时间的朋友之后，开始嘲讽他并且朝他的鼻子打了一拳，用力之大使得米开朗基罗的鼻骨严重骨折，此后终生都带着伤痕。为此，托里贾诺也被驱逐出了佛罗伦萨。

华丽大公洛伦佐去世后，米开朗基罗回到了父亲家，心中对这个伟人的逝去充满无限哀痛。一年冬天，佛罗伦萨下了很大的雪，洛伦佐的继承人皮耶罗·德·美第奇派人找来米开朗基罗，让他在庭院中做一个雪人雕塑，这个雪人被雕得美轮美奂。

离开佛罗伦萨

米开朗基罗为佛罗伦萨圣灵教堂制作了一个木制耶稣受难像，摆放在主祭坛的弦月窗上方。他做这个雕像是为了取悦院

❶ **波利齐亚诺**
1454出生于托斯卡纳，1494死于佛罗伦萨。意大利诗人和人文主义者。是华丽大公美第奇的朋友，同时也受到他的资助和保护，文艺复兴时期最著名的古典学者之一。他精通希腊语、意大利语和拉丁语，在诗歌、哲学和语言学方面都有非凡的天赋。

长，该修道院的院长拨给了他一间屋子，让他可以在此解剖尸体并从事解剖学研究，为他后来构思设计上的日趋完美提供依据。

在美第奇家族被驱逐出佛罗伦萨前的几周时间，米开朗基罗已经去了博洛尼亚，又从那里去了威尼斯，因为他担心一些恶人会把他视为美第奇家族的仆人而向他发难。但是当他发现在威尼斯的生活毫无出路之后，他又回到了博洛尼亚，这一次他很不幸，进城时忘了在城门口签署离城所需的签证文件。这里的公告规定，所有的外来人如果没有这份签证文件，就要被罚款50博洛尼亚里拉。米开朗基罗没有钱交罚款，但他很幸运地被乔万·弗朗西斯科·阿尔多夫兰迪（Giovan Francesco Aldovrandi）遇见，阿尔多夫兰迪是政府的16名要员之一，他解除了米开朗基罗的窘境，还让他住在自己家中一年多时间。

一天，阿尔多夫兰迪带米开朗基罗去参观圣多米尼克墓，这个墓是由前辈雕塑家乔瓦尼·皮萨诺（Giovanni Pisano）和尼科洛·戴尔·阿尔卡（Maestro Niccolò dell'Arca）大师建造的。在这件作品中，缺少了圣彼得罗尼奥和一个手握烛台的天使，阿尔多夫兰迪询问米开朗基罗能否雕出这两个人物。于是米开朗基罗拿到了分配给他的大理石石料，成功地雕出了这两个人物，使它们成为了那里最好的雕像；阿尔多夫兰迪为此付给他30杜卡特❶（Ducats）。米开朗基罗在博洛尼亚停留了一年多一点时间，然后回到了佛罗伦萨。

❶ 杜卡特

指1284年起在威尼斯发行的货币，包含3.5克左右黄金，基本在欧洲各国皆可通行。当时还有另一种通行金币叫弗罗林（Flovin），含金量与杜卡特基本一样，与其二分当时的货币市场。

《半人马之战》（THE BATTLE OF THE CENTAURS），在一块大理石中雕刻出的一群身形扭转的人物群像。

米开朗基罗的《跪姿天使》
(KNEELING ANGEL),
1494—1495年,是他在博洛尼亚当学徒期间雕刻的。

米开朗基罗
Michelangelo

酒神巴斯克

在佛罗伦萨，米开朗基罗为洛伦佐·迪·皮耶尔·弗朗切斯科·德·美第奇（Lorenzo di Pier Francesco de' Medici）（他在皮耶罗·德·美第奇被驱逐出佛罗伦萨后掌握了政权）制作了一尊圣乔瓦尼诺的大理石像，然后又用另一块大理石雕出了一个真人般大小的沉睡的丘比特。接着，米开朗基罗就被传召到罗马，被红衣主教圣乔治雇佣，停留了差不多一年的时间。

红衣主教的理发师曾经也是一位画家，善于用胶粉颜料画出非常繁复的画作，他和米开朗基罗成为了好朋友，米开朗基罗为他画了一幅《圣弗朗西斯接受圣痕》的草图，这幅草图被理发师精心地用色彩描画在一块小画板上。一位名叫雅格布·加里（Jacopo Galli）的罗马绅士清楚地意识到米开朗基罗的天赋异禀，委托他雕刻一尊真人等身大小的丘比特大理石像，以及一尊10掌高的酒神巴克斯像，这尊塑像的右手举着一只酒杯，左手提着虎皮和一串葡萄，而一个森林小精灵正要偷吃葡萄。在这个雕像作品中可以看出，米开朗基罗想要完成人物间的某种交融，融合的效果是精彩无比的，特别是他同时赋予了其年轻男性的纤细修长和女性的丰满圆润。

旅居罗马期间，米开朗基罗在艺术研究方面更为精进，取得了长足进步，以至于人们难以置信地看到，他运用极度娴熟的雕塑技艺实现了艺术思想的升华和技法难度的不断提升。这些事情引起了红衣主教圣迪奥尼基（Cardinal di San Dionigi）的注意，这位红衣主教是一个法国人，他想在这座著名的城市里留下一个配得上自己身份的纪念品。于是让米开朗基罗制作了一尊大理石圆雕《圣母怜子像》。

雅格布·加里的花园中保留的米开朗基罗的雕塑《醉酒的巴克斯》（THE DRUNKEN BACCHUS）。

圣母怜子像

　　在《圣母怜子像》呈现出的所有美好中，除了神圣庄严又唯美的服饰衣料外，就要数耶稣的身体。米开朗基罗于细节处完美展现出骨架上的肌肉、血管和神经。此处，耶稣的头部表现得甜美圆润，手臂、双腿和短裤下的关节及其附件和谐统一，脉搏和血管栩栩如生，实话说就连创造奇迹的天神也会感到惊讶。一块混沌的顽石被雕琢得这样尽善尽美，几乎像是大自然在真人肉体上的杰作，真可谓奇迹。正是因为米开朗基罗将爱与热忱都倾注于这件作品，他将自己的名字刻在绕过圣母胸部的丝带上，——而他在其他的所有作品上都没有再留下署名。署名的原因是这样的，一天，米开朗基罗走进放置雕像的地方，发现一大群从伦巴第来的陌生人正在热情洋溢地赞美它。当其中的一个人问另一个人谁是雕刻者的时候，那人回答说："是我们的戈博（Gobbo），从米兰来的"。米开朗基罗站在那里沉默不语，但是想到自己的劳动成果要归功于另外一个人，心里觉得难以忍受。一天晚上，他带了一盏小灯和凿子，把自己关在那里，将自己的名字刻在了雕像身上。

　　从这件作品上，米开朗基罗收获了美名和无数盛赞，尽管也有些人，一些愚蠢的傻瓜们，评论说他把圣母塑造得太年轻了，这些无知的蠢人，难道他们不懂得圣洁的贞女可以长久地保持年轻娇艳的面容不受时光的侵染，而类似基督那样忧国忧民的人则正好相反吗？

《圣母怜子像》（THE PIETA）
传说米开朗基罗仅仅盯着一块大理石就能想象出雕像的样子。雕像中对母亲悲痛神情的细致入微的刻画被大家认为是艺术家最了不起的杰作。

大卫

一些佛罗伦萨的朋友给米开朗基罗写信，告诉他应该回来，因为他很可能有机会重雕工匠署前摆放的那块报废的大理石。

这块石头高达9布拉恰❶（Braccia）（约5.5米），西莫内·达·菲耶索莱（Maestro Simone da Fiesole）大师已经开工在上面雕刻了一个巨人，但是他的雕工太糟，以至于现在完全走形，已经毁掉了。米开朗基罗重新测量了巨石，思考着能否合理利用石头，从中再雕出一个人像来。他决心向城主索德里尼（Soderini）和管理处索要这块巨石，他们同意把石料当废品给米开朗基罗，想着他能随便雕点什么也比现在这样强。于是米开朗基罗制作了一个蜡制模型，塑造出一个手握悬带的年轻的大卫的形象，整体表现出他正守护着他的子民，并公正地对待他们，而这也是为了让那些统治着这座城市的人，也能够勇敢地守护这座城市并以公正之力去治理它。在圣母百花大教堂的工匠署里，米开朗基罗用木板和砖石做了一道幕墙围住了这块大理石。他在里面夜以继日地工作，但不让任何人观看，最终完美地完成了雕塑。米开朗基罗这逆天的起死回生之举正可谓奇迹。

这个雕像刚一完工，就成了热议的焦点，比如说如何将它运往领主广场。为此，朱利亚诺·达·圣加洛（Giuliano da San Gallo）和他的兄弟安东尼奥制作了一个非常结实的木架子，然后用绳子把雕像悬挂在上面，使它不至于撞上木头碎成几块，但又可以保持轻微的摆动幅度；然后利用安装在与地面平行的横梁上的绞盘机水平地拖动雕像，最

❶ 布拉恰
意大利古代的长度单位，相当于66~68厘米（26~27英尺）。

《大卫》(DAVID)是从卡拉拉地区开采的一整块大理石中雕刻而出,花费了两年时间才完工。

终将它放置到位。

　　看到雕像就位，皮耶罗·索德里尼很高兴，但却对米开朗基罗说，他觉得雕像的鼻子太厚了。米开朗基罗注意到，这位城主大人站在了巨人下方，他的视角被遮挡，根本无法好好欣赏。但是为了取悦索德里尼，他还是爬上了紧靠雕像肩部的脚手架，左手迅速抓起了一把凿子，以及一些散落在脚手架搁板上的大理石碎屑。然后开始用凿子轻轻地敲打，让大理石碎屑一点点地从手中掉落，假装改变了鼻子的形状。接着，他看向站在下面紧盯着他的城主大人，说道，"现在再看看。" "我觉得好多了，" 城主说道，"你赋予了它生命"。米开朗基罗下来后，因为曲意讨好城主而自嘲地笑起来，因为他对那些不懂装懂，为了表现出满腹学识而去评论自己根本不懂的东西的人们深表同情。

　　当雕像竖立起来，全部工程完毕，米开朗基罗揭开了幕布，无可否认的是，不论现代还是古代，也不论希腊还是罗马，这件作品在所有的雕塑中勇夺桂冠。因为在这尊塑像中，可以看到最为优美的腿部线条，以及完美的四肢连动和修长的侧面轮廓，令其充满神圣感；从未见过如此轻松的体态或优雅的姿态能与之媲美，双脚、双手和头部如此协调，身体的每个部分都和谐有序，设计精彩，艺术性无与伦比。米开朗基罗收到了400金币的酬金，雕像于1504年安放就位。而米开朗基罗也因为这件作品成为了闻名遐迩的雕塑家，他给前面提到的城主制作了一尊绝美的青铜大卫像；而且他还开始了两枚大理石勋章的制作，但并没有完工，其一是为塔代奥·塔德尔（Taddeo Taddei）做的，另一枚是为巴托洛梅奥·皮蒂（Bartolommeo Pitti）而作。他还在圣母百花大教堂的工匠署里开凿了一尊圣马修大理石像，这尊雕像没有完工，还是一个粗糙的半成品，揭示了米开朗基罗完美塑像的全部谜底，教导着雕塑家们如何从大理石中开凿出人像而不会走形，以及如何正确去除更多石料进一步精雕细琢，或者如何退一步，在必要的情况下改变其中一部分形体。

他还制作了一个圣母勋章,是应一些慕斯克龙家族的佛兰德商人的要求,用青铜铸造的。

圣人的一家

阿格诺罗·多尼(Agnolo Doni)是佛罗伦萨人也是米开朗基罗的朋友,他想要收藏一些米开朗基罗的作品。因此米开朗基罗给他画了一幅圆形的作品,画中描绘了圣母跪坐着,从坐在她的身后的圣约瑟夫手中接过圣子耶稣的场景。在这幅画中,米开朗基罗通过圣母扭转过去的头部和她眼中因凝视无比美好的圣子所闪曜的光彩,表现出她极大的满足和强烈的爱意,同样也是在和圣约瑟夫分享着这份爱与幸福。米开朗基罗并不满足于此,他还在作品的背景处绘制了一系列的裸体人物,有的向前俯身,有的站立,有的坐着,姿态各异。

比萨之战

当列奥纳多·达·芬奇在大议会厅作画时,主政官皮耶罗·索德里尼被米开朗基罗身上的超凡才华所打动,把大厅的一部分分给了他画。这也就是米开朗基罗在另一面墙上作画,和达·芬奇展开竞争的原因,画的主题是《比萨之战》。他开始绘制巨大的草稿,却不许任何人观看。画中他描绘了一群因为炎热而赤身裸体在亚诺河中洗澡的人,被营地里敌袭的警报声惊动的场景。士兵们越出水面穿衣应战,匆匆忙忙抓起武器,扣上胸甲的皮扣,还有一些已经开始了打斗,在马背上迎敌。

在众人之中,有一位老者,头戴常春藤编织的花冠遮阳,他一边坐下来穿裤子,但是因为湿漉漉的双腿上还带着水渍,裤腿迟迟伸不进去,一边聆听着士兵们混乱的呼喊与骚乱以及鼓手们喧嚣的鼓声,一边费力地用劲儿拽着一只长袜。他身上肌肉紧缩,筋脉清晰可见,嘴部扭曲,甚至于脚尖都是紧绷着,仿佛在清晰地表明他是如何的紧张和挣扎应战。还有鼓手,以及把衣服抱在怀中,跑着冲向了战场的士兵;他们姿态各异动作各不相同,有的站着,有的跪着,有的弯腰直不起身,还有的飞身腾跃,在半空中打斗,所有这些都运用了精湛的短缩透视技法。同样还有不少人物是成组出现的,草图的画法也不尽相同,有的是以木炭勾勒轮廓,有的用笔轻触描摹,还有的只插入式地画出身体的一部分,并用铅白色高光强调。

草图刚一完成,就被送去了教皇大厅,所有曾经研究过并且临摹过画中人物的人,后来都成为了艺术界的杰出人物。画稿由此成为了手工艺人们的教科书,被送进美第奇宫的大殿。正因为此,画稿不经意间被手工艺人们留传下来。在朱利亚诺公爵病重期间,贵族们无意留下这件作品,最终它被分割成很多块,散落于不同地方。

❶ 多尼圆形画
这是米开朗基罗在画架上完成的少数作品之一。"Tondo"意为圆形图画,当时在佛罗伦萨常用来表现圣母玛利亚与圣婴在一起的题材。而这幅画的意思就是画给多尼的圆形图画。
米开朗基罗的绘画风格是勾出明晰的轮廓并着上浓重的色彩,使之看上去更具有立体感。这幅画采用的是蛋彩画技法,用蛋黄将颜料固定住。米开朗基罗善用光与影将人物绘成浮雕般。他曾说:"绘画愈有浮雕效果就愈出色,而浮雕愈像绘画就愈糟糕"。

米开朗基罗极富表现力的画作《圣人的一家》(多尼圆形画❶)[THE HOLY FAMILY(DONI TONDO)]表现出圣约瑟夫温柔地将圣子耶稣递给玛利亚,而圣母转过身去接住圣子的场景。

米开朗基罗的裸体男人速写据说是来自于《比萨之战》（THE WAR OF PISA）草图的局部图之一。

教皇墓

　　1503年米开朗基罗的名气变得如雷贯耳，那一年他29岁，被教皇尤利乌斯二世（Pope Julius Ⅱ）传召来修建他的陵寝。教皇尤利乌斯决心翻修罗马的圣彼得教堂，好把自己的墓建在里面。于是米开朗基罗满怀希望地投入了这项工程。一开始，他先和两位助手一起去卡拉拉开采大理石。在那里，他花费了8个月时间，在采石场里构想出了很多关于雕出不朽之作的奇思妙想，希望能如同古代雕塑家一样令自己青史留名。接着，选出了预期数量的石材后，他在岸边把它们装船运送到了罗马，石料环绕着圣卡特琳娜像堆满教堂和通往城堡的走廊，占据了半个圣彼得广场。米开朗基罗为自己准备了一个房间，用来雕刻人像和墓穴的其他部分。为了方便教皇在有空儿时来参观他工作，他建了一座连接着走廊和工作间的吊桥，这使得他和教皇的关系变得极为亲近。但在当时，这些便利条件也带给他无尽烦恼和迫害，并且在同行中激起了强烈的嫉妒之情。

　　这项工程中，米开朗基罗在尤里乌斯生前和死后共完成了四座完整的雕塑，还有八座仅仅开凿出来未能完工。想要领略这项工程非凡的创造性的设计构想，我们可以通过他采用的设计草图来感受一下。为了营造出恢宏的气势，米开朗基罗决定让雕塑完全独立于建筑群，以便从四个方向都可以看到。外立面环绕雕刻一排壁龛，壁龛之间被支撑着第一层檐上的半身像分隔开，并且每个壁龛都饰有一个捆绑着的裸体俘虏像。这些俘虏都是教皇在各个行省战胜时俘获的，并且归顺了使徒教堂。还有其他各种描绘高贵艺术和科学的塑像，同样的作为对死亡的献礼，正如那逝去的，精于艺术与科学之道的教皇陛下。在第一层檐口的转角处有四座大型雕像，分别为勤奋者，冥想者，以及圣保罗和摩西。沿阶而上一直延伸到檐口，设计了一条青铜雕饰带，以及其他一些人物、孩童和装饰物环绕在侧，在最高处是两个人物：天堂女神微笑着，肩托一具棺木；而大地女神西布莉则显得相当悲伤，她留在了因这位伟人逝去而失去光彩的世界中。

这项工程的设计，使人们可以在四边形的结构端点与壁龛之间自由出入，庙宇式的椭圆形内部的中心位置，安放着石棺，教皇的遗体长眠于此。最终有 40 个大理石雕像，这还不算其他的场景、孩童和饰品，飞檐上的雕刻，以及工程的其他建筑构件。米开朗基罗下令加快工程进度，于是一部分大理石料被运送到佛罗伦萨，他计划在那里度过夏天的几个月，以避开罗马的疟疾之灾；米开朗基罗在那里将作品的一面分成许多部分来完成，雕刻完了全部细节。在罗马，他完成了两个俘虏像和一些其他塑像，而在佛罗伦萨他开凿了五个俘虏像，并完成了一尊身下匍匐着俘虏的胜利女神像。

米开朗基罗完成了摩西像，是一尊高 5 布拉恰的大理石像。摩西以极为尊贵的姿态落座，一只胳膊放松地搭在桌板上，他一只手抓着桌板，另一只手则握着自己波浪般卷曲而飘逸的长髯。至于摩西的头发，雕刻家公认的难处理的地方，都是用最精致、最柔软、最细致的仿佛羽毛般的质感，分毫毕现地表现了出来，简直让人以为米开朗基罗的凿子已经变成了铅笔。对于摩西面庞之美无须赘述，雕像的面部拥有真正的圣徒和威严的王者的所有面貌特征；当你目不转睛地凝视着他时，几乎想要向他讨要一方面纱去将其遮住，因为他太过华美璀璨、光彩夺目。米开朗基罗将上帝的神性注入了这张面容中，把神圣感表达得淋漓尽致。此外，还有被精雕细琢出的布料，曲线边缘至为柔美，而手臂上的肌肉，以及手部的骨骼和筋络，都被充分的表现达到完美的制高

教皇尤利乌斯二世墓是米开朗基罗的第一件建筑作品。最具特色的是威严的摩西雕像，完美地雕刻了如波浪般起伏的胡须和犄角。（这是文艺复兴早期的一种传统。）

点、腿部、膝盖和双足则隐匿于美丽时髦的半高筒靴[1]中，这件作品的每部分都如此完美，以至于现在摩西可以比以往任何时候都更能被称为上帝的挚友。教皇并未打算那时候就完成他的陵寝工程，于是令米开朗基罗去画教皇宫殿礼拜堂的拱顶画。而米开朗基罗，更想完成陵墓工程，并且认定教堂拱顶画会是一项重大而艰难的工作，于是找各种办法来推卸肩上的重担，并推荐拉斐尔来做这项工作。但是他越拒绝，教皇就越非他不可，执意要他答允。直到性情急躁的教皇陛下，对米开朗基罗大发雷霆，他才决定接受这项工作。

西斯廷教堂

布拉曼特[2]（Bramante）用绳子穿过拱顶捆绑搭建起了脚手架。米开朗基罗吩咐，要把它支在支柱上，以免触碰到周围的墙壁。米开朗基罗好腾出手来给拱顶画设计草图，而教皇同样也决定，将西克斯图斯（Sixtus）教皇时大师们绘制的壁画刮去，并且宣布说，他要为工程的总体花费15000金币。米开朗基罗准备独自一人完成全部绘画，以最极致地思虑、不懈的劳作和审慎的钻研圆满完成整个工程。

当工程进行到三分之一的时候，墙壁上开始出现一些发霉斑点。罗马石灰是由石灰华[3]制成，呈白色，不是很容易干，当它和黄褐色的火山灰混合搅拌后，就会形成一种暗色的混合物，这种灰泥[4]在未干时十分柔软，含水量是相当大的。当墙壁被它充分浸泡，常常会在干燥时破裂风化长斑，于是这种因

❶ 半高筒靴
　　一种高度到膝盖或小腿肚子的靴子，由皮革或布料制成，靴筒顶部饰有蕾丝花边。
❷ 布拉曼特
　　多纳托·布拉曼特是一位建筑师，也是教皇尤里乌斯二世重建罗马城的总设计师。米开朗基罗认为，是他致使教皇掐断了他的资金来源，于是延误了包括教皇墓在内的各项工程的完工。
❸ 石灰华
　　一种多孔结构的石灰岩，由温泉中的矿石浸泡分解沉积形成的。
❹ 灰泥
　　湿壁画技法中用的墙泥。简单地说就是在墙面上湿的灰泥面上作画。先在墙体砖面上涂一层灰泥打底和平整墙面，等到需要作画时，在已干的灰泥上再涂一层灰泥，然后在趁灰泥未干时完成作品。

矿物盐受潮析出而形成的风化斑在很多地方都会出现。教皇陛下派朱利亚诺·达·桑迦洛（Giuliano da San Gallo）去看望米开朗基罗，向他讲解了这种问题从何而来，以及如何去除这些霉斑。

公开面世的天顶

当工程进度完成一半时，教皇已经前去视察了数次（在米开朗基罗的帮助下，爬上了一种特制的梯子），他执意要将它公之于众。教堂开放没多长时间，整个罗马城的居民都被吸引前来观看。教皇对米开朗基罗才能的欣赏，日益加深，他想让他继续这项工作，特别在作品公开面世后，他觉得米开朗基罗能够把后半部分做得更好。20个月后，米开朗基罗独自完美地完成了工程，甚至没用任何人帮他磨一下颜料。

米开朗基罗本想在一些部分加点"干壁画"，就像前辈大师们在下层刮去的壁画中所做的那样，在描画背景、装饰织物和天空时使用深蓝色，在某些地方用金子做装饰品，从而营造出更为富丽堂皇和引人注目的效果。教皇也意识到缺少了这些装饰，希望他能补上；但是因为重新搭建脚手架的工时旷日持久，于是画作就保持了原样。教皇陛下常常见到米开朗基罗，就会提起教堂应该被色彩和黄金再丰富一下，因为它看起来太寒酸了。而米开朗基罗就会熟稔地回答说，"圣父啊，那个时代人们是不用黄金来装扮自己的，而且画中的那些人，没有一个是非常富有的，都是圣人，他们还因此而视金钱如粪土呢"。

为了完成这项工程，米开朗基罗分几次收到了共3000金币的报酬，其中他不得不花去25%用来购买颜料。

西斯廷教堂天花板描绘的场景来自《创世纪》，米开朗基罗必须栖身于一个巨大的脚手架上来完成绘画。"我的胡须指向天堂，我感觉后脑勺压在了脖子上"，他这样写道。

《创造亚当》(THE CREATION OF ADAM),西方绘画艺术中最为著名的杰作,米开朗基罗用了不到三周的时间完成。

米开朗基罗
Michelangelo

这项工作的实施，对他的身体是巨大的折磨，因为他要脸朝上作画，这极大地损伤了他的视力，以至于后来长达数月时间，除非是头向后仰着，他都无法阅读信件或是观看图稿。我非常惊讶于米开朗基罗能够忍受身体的不适这么久。然而，事实上，每天的工作激励着他热情勃发，不断的进步和完善令他备受鼓舞，这些都令他感觉不到任何疲累。

这件作品被精心设计，两侧各有六幅斗拱❶画，在斗拱之间和首尾处各有一幅画，米开朗基罗在画中画了高达6布拉恰的女先知❷（Sibyls）和先知，拱顶的中心位置，则描绘了从创世纪到大洪水和诺亚之醉的神话故事；弦月窗上，则是耶稣基督的家族图谱。在这些斗拱隔断之间，他没有使用透视短缩法，也没有定下任何的视觉焦点，而是令斗拱的隔断适应了人物，而非用人物来填满间隔。米开朗基罗致力于完美地表现那些人物，无论是裸体的还是着衣的，以达到独一无二且空前绝后的境地，绝难有另一件作品可与之媲美，甚至仿效他的成就都几乎是不可能的。

这件作品曾经，并且今天依然为艺术界的一盏明灯，它在绘画艺术史上挥洒光芒，令人获益良多，照亮了沉睡数百年的黑暗世界。时至今日每个能从画中看出人物精彩之处的人都会惊叹其完美的前缩透视与饱满的轮廓线条，既苗条又优雅，充满魅力的裸体人像中可以看出运用了黄金分割的比例之美。米开朗基罗用不同的表现手法和表现形式画出了所有年龄的人物，画中人物的面容和身形轮廓，一些更为纤细苗条，一些则更丰满，一些坐着，一些行走，还有一些向上高举着橡树叶制成的花柱或是橡树子，仿佛是朱利亚诺教皇的臂膀和神道，意喻着在他的治理下的那段时间是一个黄金时代。在他们中间，同样的有人手持一些仿青铜或黄金的勋章，上面的浮雕图案描画的是节选于《列王传》的故事。

除此之外，他还画了《上帝分光暗》，其中描画了双臂伸展独自站立的主神上帝。

❶ 斗拱
拱形天顶上的曲边三角形，为穹顶提供一种圆形支撑。

❷ 女先知
《圣经·旧约》中提到的女性预言家，也被称为女巫。

在第二幅画中，他以卓绝的才智和天赋，描绘了《上帝创日月》，其中天父上帝被很多小天使支撑着，身姿雄壮，又因透视法的原因缩短了双臂和双腿而显得上帝有种恐怖的气息。同一幅画中，米开朗基罗描绘了神圣的上帝在赐福于大地和创造出动物后，以一个在透视法则中被短缩的形象，飞临穹顶的样子。在下一幅画中，上帝从大地中分离出了水。在这个场景之后是《创造亚当》，在这幅画中，米开朗基罗将上帝塑造成被一群年幼稚嫩的裸体天使们背负而起的形象，仿佛小天使们承载的不仅仅是一个人，而是整个世界的重量。这种效果是由尊敬的上帝陛下的体态造型，营造出来的。他用了一只手臂拥抱着这些小天使，用以支撑自己，另一只臂膀则伸长着，右手指向了亚当——这个人物被塑造得如此之美，仿佛这就是造物主最新的创造，而非出自凡人的画笔和设计。除此之外，他还描绘了上帝将人类之母夏娃，从亚当身边带走，在画中可以见到两个裸体人物，一个由于陷入沉睡而死去，另一个则生机盎然，由于上帝的赐福而活力充沛。

接下来的一个场景，描绘亚当被一个半女人半毒蛇的家伙诱惑，用禁果将自己与人类带入死亡的瞬间；里面同样也可以看到亚当和夏娃被驱逐出天堂。一个天使姿态高贵而又庄严地执行了盛怒的上帝的命令，而在亚当的神态中，则是对自己所犯罪行的悔恨同时还有对死亡的畏惧。在女人身上，可以看到羞惭、卑微和想要求得到原谅的神态，她双臂抱紧胸口，掌心相对地紧握了双手，脖子低到了胸口，而同时又将头转向了那个天使，表现出畏惧上帝的审判更甚于希望得到他的怜悯。

在《该隐与亚伯的牺牲》的故事中，一些人正往上搬木头，一些人弯下腰来吹火，还有一些人正割开死难者的喉咙。《大洪水》的故事表现了各种各样的死亡方式，人们被那些日子来临时的恐怖灾难吓坏了，竭尽所能地用各种方法挣扎求生。在那些人的面孔上，惊慌、恐惧而又麻木，生机泯灭，生命成为

《偷吃禁果和逐出乐园》
（THE TEMPTATION AND EXPULSION）
在绘制西斯廷教堂的天顶时，米开朗基罗写到"在饱受煎熬的4年之后，完成了400余个超过真人大小的人物，我觉得自己像耶利米一样苍老而疲倦。我只有37岁，然而朋友们却因我变成老头儿而认不出我了。"

米开朗基罗
Michelangelo

了死神的猎物；也能在许多人身上看到关爱和同情，他们互相帮扶着爬上了岩石顶来寻求安全之所，其中一个人，抱着另一个垂死的同伴，正竭尽所能地挽救他的生命。我也无法表述诺亚的故事讲述得是何等精彩绝妙，诺亚醉倒在葡萄酒中，赤身裸体地睡着了，一个儿子站在身前嘲笑他，另外两个儿子则想把他遮盖起来。

此后，由于米开朗基罗从那时已取得的成就中汲取了信心和勇气，他的天赋才华进一步展现，在画那五位女先知和七位先知❶的时候，证明了自己可以做得更好，这些人物每个都有至少5布拉恰高，甚至更高。所有这些人物都姿态各异，香衣美饰，各不相同，并且所有的人物，简而言之，都因了不起的才思妙想而富于变化，并且对于能够看懂他们表情的人来说，他们都显得极为神圣，可以看到耶利米双腿交叉，一只手抓着胡须，手肘支在膝盖上，另一只手放在大腿上，他的头低垂着，明显地表现出忧伤、深思，由于担忧他的子民而深陷焦虑的思考和灵魂的痛苦之中。

同样美好的，还有他身后的两个孩子，以及他边上朝向门口方向的首位女先知波西亚。在这个人物中，米开朗基罗想要描绘出的是年迈的老态，除了将她身上的衣料画得紧裹身体，他还极力想表现出她的血液已经被时间凝固了，以及因为她的视力也已衰弱了，他将她画成把书籍贴近眼睛阅读的样子。

❶ 五位女先知和七位先知
西斯廷教堂天顶所绘12位先知是《圣经·旧约》中提到的，包括7位先知和5位异教女先知。按照文中介绍的顺序他们分别是：
1. 耶利米(Jeremiah)是《旧约》中《耶利米书》和《耶利米哀歌》的作者。
2. 年迈的波西亚女先知(Persian Sibyl)。
3. 以西结(Ezekiel)是《圣经》记载的一位祭司，基督教将以西结当作圣徒和先知。
4. 埃勒斯雷女先知(Erythraean Sibyl)。
5. 约珥（Joel）。
6. 撒迦利亚（Zechariah）。
7. 德尔菲女先知（Delphic Sibyl），古希腊女祭司，在神庙上留有著名的德尔菲箴言，如"认识你自己""凡事不过分""你在/你是/如果"。
8. 以赛亚（Isaiah）是《圣经·旧约》中的人物，在其生活的年代以先知的身份侍奉上帝。
9. 库姆女先知（Cumaean Sibyl）。
10. 丹尼尔（Daniel）是《圣经·旧约》中的大先知之一。
11. 利比亚女先知（Libyan Sibyl）据说最先唱出"所有被隐藏的都将被展示出来"的神谕。
12. 约拿（Jonas），古以色列国的先知。

耶米利
Jeremiah

波西亚
Persian

以西结
Ezekiel

埃勒斯雷
Erythraean

约珥
Joel

撒加利亚
Zechariah

德尔菲
Delphic

以赛亚
Isaiah

库姆
Cumaean

丹尼尔
Daniel

利比亚
Libyan

约拿
Jonas

德尔菲女先知（DELPHIC SIBYL）

以赛亚(ISAIAH)

丹尼尔（DANIEL）

074　文艺复兴　达·芬奇
　　艺苑　　　米开朗基罗
　　名人传　　拉斐尔

利比亚女先知（THE LIBYAN SYBIL），西斯廷教堂中绘制的一位女性预言家，身姿以戏剧化的转身回头而成为对立平衡构图的典范。

在这个人物旁边,接下来的是先知以西结,这是一位优雅的老人,动作极为优美,重重衣料裹在身上,他一只手拿着先知的预言书,另一只手摊开举起,转过头来,仿佛马上就要说出崇高而伟大的话语;在他的身后,也有两个男孩。

在他之后跟着的是另一位女先知埃勒斯雷,和我们之前描述的那位女先知相反,她把书举得远远的,正费力地翻过一页,双膝叠搭地坐着陷入沉思,严肃地思考着要写下的内容;一个小男孩在她身后,吹着燃烧的木块,点燃了灯火。这个人物极为美丽,她的面部表情、头饰和衣料的处理方式都透着非凡的美;除此之外,她赤裸的手臂,和其他部分一样,充满魅力。

在这位女先知旁边,米开朗基罗绘制了先知约珥,他沉溺于自己的世界,手拿一卷长卷,极为专注地阅读着,充满了欣赏之情:从他的样子不难看出,他对写在上面的东西极为满意,专心思考的样子活灵活现,宛若真人一般。

同样的在教堂入口的上方,米开朗基罗安放的是上了年纪的先知撒迦利亚。这位先知正费劲地在自己写的书里翻找着什么东西,他一腿高一腿低地踩在地上;热切地搜寻使他保持了这样的姿势,而没有注意到这样的姿势有什么不舒服。这个人物的样貌虽然年迈,但依然充满魅力,体型上稍稍有些丰满,衣料上几乎没有什么皱褶。

这之后,在另外一面,靠近祭坛的方向,有另外一个女先知德尔菲,展示着某本读物,同时出现的还有她身边的男孩子们,这幅作品比起其他人物来也毫不逊色。在她旁边的是先知以赛亚,这位先知完全陷入了自己的思绪,双腿交叉着,一只手放在书本上给读过的部分做标记,另一只胳膊的肘部支在了书本上,手托着脸颊;听到身后跟班的一个男孩儿喊他,他只是将头转过去,而没有更多地改变自己的身姿。任何一个人,如果仔细观察他的面容,都会发现这是自然之神,真正的艺术之母留下的神迹，而如果能细致地研究这个人的每个部分，就能从中无限地学习到优秀画家所需遵循的所有准则。

在这位先知旁边的，是一位年长且极为貌美的女先知库姆，她正以优雅至极的姿态从书本中学习，更不用说还有两个姿态优美的男孩伴在她的左右。

没有人能够全部凭借想象就画出这个优秀的年轻人，他是预言家丹尼尔，正在撰写一本厚重的书籍，他摘录了其他书中的一些内容，正在小心翼翼地抄写；为了承载这本书的重量，米开朗基罗在丹尼尔的双腿间画了一个男孩儿，在他撰写的时候托举着书册，所有这些都浑然天成，然而又充满技巧，令人难以企及。

同样的，容颜俊美的利比亚女先知，正在书写一本巨大的书册，内容引经据典地来自很多书籍，她的身姿充分体现了女性的优雅，仿佛正要站起身来，在这同一个动作中，她仿若同时做出了起身和合上书本两个动作——对于除了米开朗基罗以外的其他人来说的，这是一件相当难以完成的挑战，但也并不是说绝无可能做到。

大卫与巨人歌利亚 ❶

值得称道的是位于角落里的四幅场景画，被绘制在天顶的拱肩位置；在其中的一幅中，大卫以少年的孩子模样去征讨巨人，正在砍下巨人的头颅。

❶ 大卫与巨人歌利亚
《圣经》中记载，歌利亚是非利士将军，带兵进攻以色列军队，他拥有无穷的力量，所有人看到他都要退避三舍，不敢应战。最后，牧童大卫用投石弹弓打中歌利亚的脑袋，并割下他的首级。大卫日后统一以色列，成为著名的大卫王。

《大卫和巨人歌利亚》（DAVID AND GOLIATH）在巧妙运用一个连梁角落所提供的空间时，米开朗基罗描绘出非利士人的营帐，以及大卫正要将巨人歌利亚斩首的场景。背景中，士兵们等待着完成袭击的那一刻。

米开朗基罗在对面同样的拱角描绘了朱迪斯的故事❶，她以美丽的身姿像男人般建立丰功伟业，画中可以看到荷罗孚尼（Holofernes）的尸体，被夺去了生命但仍在颤抖，而朱迪斯正把失去生机的头颅放进老仆妇头顶的篮子里，仆妇的个子很高，她将身子深深弯了下去好让朱迪斯够到篮子，并调整好重量；这个仆妇，一边用手举着篮子，一边想努力把它藏起来，她的头转向尸体的方向，尸体尽管已经死去，却伸着一只手臂和一条腿，似乎在营帐中发出了声响，仆妇的肢体语言表现出她对营帐的害怕以及对死尸的恐惧，这真是一幅处处思量、布局精妙的图卷啊。

美丽的幻想之作

但是比这幅画和其他画作更为美丽和绝妙的是《摩西之蛇》❷的故事，它位于祭坛左手方向的拱角，因为在画中可以看到死亡造成的浩劫，从天而降的毒蛇雨，毒蛇的毒牙与咬痕清晰可见，其中还可以看到一条黄铜制成的毒蛇，摩西将它放在权杖上。这幅画生动地展现了各种各样的死亡场景，那些死去的人们，被毒蛇咬中，失去了全部的希望，并且画面中可以看到致命的毒液，导致了大批人在恐惧和痉挛中死去，腿部僵直，手臂扭曲，令人惊叹唏嘘。那些人还保持着受创倒地时的姿势动弹不得，传神的是头部表现出人物还在

❶ 朱迪斯的故事
出自《圣经·旧约》，是历史上第一个"美人计"的故事。
朱迪斯是一位美貌的寡妇。公元3世纪，亚述王国的大将荷罗孚尼围攻朱迪斯的家乡伯图里亚（Bethulia）时，她与女仆潜入亚述军营，获得了荷罗孚尼的信任与爱慕，后来在荷罗孚尼醉酒之后将其刺杀，斩下敌军元帅的首级之后与女仆返回伯图里亚。亚述军队也因主帅遇刺而溃败。

❷《摩西之蛇》
圣经中的铜蛇起源于摩西带领百姓前往上帝应许之地的途中，路途艰险漫长。从埃及启程，经过了40年的岁月，路上百姓的埋怨和责难从未停止，即使他们已经得到许多的神迹保护，但在遇到困难时依旧抱怨不止。
当抱怨再次发生时，上帝降下了毒蛇惩戒他们，在摩西的求情下，上帝让摩西制造一条铜蛇挂于权杖上，凡被毒蛇咬伤者，看到这条铜蛇，就可以救命并减轻痛苦。
今天，世界卫生组织沿用了铜蛇治病救人的寓意，选择铜蛇作为标识图形。

尖叫着，绝望地向后仰。精美不输于这些的，是那些曾经看向那条铜蛇的人们，在看到它的时候，觉得他们的痛苦都减轻了，正充满感激地凝视着它；在他们中间有一个妇人，被另一个人搀扶着，他支撑着她摇摇欲坠的身体，在这种突然来临的灾难和慌乱中，他和她一样都迫切地需要扶助。

在另一幅场景中，同样的，都是一些极为美丽的人物，可以看到画中亚哈随鲁（Ahasuerus）斜倚在床上，正在阅读一本史书，在饭桌边三个人，代表的是为拯救犹太人民和吊死哈曼❶（Haman）而成立的委员会。哈曼这个人物被米开朗基罗以绝妙的透视法表现了出来，因为他逼真地描画了支撑哈曼的躯干和向前伸出的手臂，令它们真实而又自然，不像是画出来的，而是如浮雕般凸出，他那条向外伸出的腿和身体其他向内弯曲的部分，也是同样的透视画法——这个人物，在所有美丽而难以把握的人物中，无疑是最为美丽，也是最难完成的。

在上帝家族图谱部分的各个区域中，有着众多完美的神话人物，如果想要一一赘述，就要花费太长时间了。这个部分以诺亚的儿子们开篇，来表现耶稣基督的家谱，族谱中的人物变化不胜枚举，比如衣料，比如头部的表现，还有数不胜数的新奇而令人吃惊的天堂之物，所有都被公认是精美绝伦的。

只有天才才能将幻想中的一切化为真实的画卷，所有那些人物都是熟练而巧妙地运用透视法画就的，人们所能看到的一切都很绝妙，令人赞叹不已。

有谁能看到约拿的恢宏力量而不惊叹得瞠目结舌呢，那是教堂天顶尽头的最后一位先知，在那里，因艺术的伟大力量，拱顶实际上是向前凸出的，与砖石建筑的

❶ 哈曼

哈曼是波斯国王亚哈随鲁手下的一位高级官员，他曾下令灭绝犹太人。而犹太人王后以斯帖及时阻止，避免了犹太人的毁灭。在画面左下角，以斯帖和她的丈夫在谈话。哈曼步步后退，好似已经预知自己的命运。在所有场景中，他都穿着黄色长袍，所以很容易辨认。这幅作品中央展现的是对哈曼的刑罚。

《以斯帖记》记述了哈曼是在绞刑架上被绞死。然而米开朗基罗却选择让他被钉在树干上处死。据说这是为了使正面的视图大大缩小，从而达成更为立体的浮雕式画面，因为哈曼身体位于拱肩最远的内弯点。

曲线相和谐，然而，视觉效果，却被那个向后仰倒的人物推了回去，看起来仿佛是笔直的，甚至被艺术创作的光与影所征服，显得事实上是向后稍退的。哦，这真是我们的幸运时代，上天保佑这时代的匠人！好吧，愿你可以这么称呼自己，在我们这个时代，你已经在巨匠的光芒中被重新照亮，去除眼前的黑暗，眼中曾经艰涩难行的艺术之路，都被一位如此非凡和无与伦比的大师开辟成为了平坦通畅的光明大道！他的作品当然应该为人所知并广受敬重，因为他在其中揭开了曾经遮挡心灵与双眼的蒙昧面纱，并且破除了蒙蔽才智的迷雾，将真相奉献于人们的眼前。因此感谢上苍，并在方方面面努力向米开朗基罗学习吧。

回归教皇墓

当西斯廷教堂完工后，教皇突然离开了人世，教皇陛下在离世的前夜，任命了桑蒂卡罗（Santiquattro）主教和他的侄子阿吉南斯（Aginense）主教，让他们主持修完他的陵寝，但是规模要比之前的有所缩小。米开朗基罗对重启陵墓的工作一开始很高兴，希望能一次性地全部完工，而不再多生枝节。但是事与愿违，他此后一直为此烦恼、气愤和煎熬，并且很长时间都背负着忘恩负义的指责，指责他辜负了对他如此厚爱和偏宠的教皇。所以，正当他回到教皇墓，继续修建工程，并着手准备小礼堂外立面的设计稿的时候，嫉妒的命运之神开启了它的宣判：这座开局部分如此完美的纪念堂，要被丢弃无法完工了。

因为在那个时候，尤里乌斯教皇去世了，工程因为教皇利奥十世的当选而被搁置，这位新教皇想要给自己的家乡城市留下自己的纪念，还要由一位才华横溢

《先知约拿》（THE PROPHET JONAS）绘制于西斯廷教堂祭坛的上方，旁边是斗拱画《哈曼的刑罚》（左面）和《摩西之蛇》（右边）。约拿右边的大鱼来自圣经故事，讲述的是这位先知身陷鱼腹整整三天三夜。这幅斗拱画大胆地运用了透视缩减，水平线贯穿了整幅图画。

米开朗基罗
Michelangelo

的同乡工匠来完成,如此丰功伟绩只有像他这样非凡的国君才能担当起来。因此,他下令说,美第奇家族修造的圣洛伦佐教堂的门面,应该为他而修建,这就是尤里乌斯墓被搁置无法完工的原因;他向米开朗基罗讨要建议和设计方案,并且想让他去担任工程的负责人。

米开朗基罗竭尽所能地表示了反对,恳求说,关于修墓的事,他向桑蒂卡罗和阿吉南斯发过誓,但是教皇回答说,让米开朗基罗不要多虑,他本人已经了解了事情,并且会设法让米开朗基罗解除对他们的誓言,而他本该在佛罗伦萨工作,就像他一开始在佛罗伦萨雕刻陵墓中的石像一样。

利奥教皇的去世使罗马和佛罗伦萨两地的工匠们非常沮丧,也令两地的艺术陷入了低谷。继任的教皇阿德里安六世(Adrian Ⅵ),他将注意力转向了佛罗伦萨和尤里乌斯墓。但他很快又被克莱门特七世(Clement Ⅶ)取代,新教皇像自己的前任们一样,急于留下些建筑、雕塑和绘画艺术品来确立自己的声望。在这个时期,也就是1525年,米开朗基罗被传召到罗马,教皇已经开启了修建圣洛伦佐图书馆和新的圣器室的工程,他打算将他为先祖营建的大理石陵寝安放于此。

圣洛伦佐图书馆与圣器室

在共同讨论了各项事务后,教皇要求米开朗基罗在佛罗伦萨完成圣洛伦佐的图书馆和圣器室,于是米开朗基罗从罗马出发了。如今见到的那个高耸的穹顶分外醒目,变化的柱体结构令它十分与众不同,上面还有个72面的金球,是由金匠毕罗拓(Piloto)制造的,精美非常。当米开朗基罗在修造圆顶时,

尤里乌斯二世的墓葬工程在教皇去世的1513年再次被停置,这个缩小比例的版本直到1545年才全部完工。

曾有朋友问他"你难道不该把这座灯笼塔修建得和菲利普·布鲁内莱斯基❶（Filipo Brunelleschi）的完全不同吗？"而他回答说"想要变得不同是很容易的，但是，一定更好吗？未必！"

他在新的圣器室里建造了四座墓，用以装点墙壁和容纳两位老教皇的遗体，分别是老洛伦佐和他的兄弟朱利亚诺，以及朱利亚诺的后裔，利奥教皇的兄弟，还有其侄子洛伦佐公爵。因为米开朗基罗希望工程的实施能够仿效布鲁内莱斯基修建的老圣器室，但是装饰手法上却要有所不同，他将内部做成了混合柱式结构，与任何时代的任何大师相比，这样的结构都更为多变、更为独特。

工匠们应该对他永远的无限感恩，因为他斩断了他们的束缚和桎梏，使他们在完成作品时远离了过去的荆棘之路。并且在同样的场地，当他建造圣洛伦佐图书馆时，通过窗户的精美布局，通过天花板的图案样式，以及前厅入口处绝妙的设计，竭力展示让后人了解到这种打破陈规破茧重生的方法。而且也看不到生硬添加的痕迹，无论是整体还是局部，比如在操作台、礼拜堂和飞檐上，也没有增加楼梯的宽度；对于楼梯，他在步梯的外形上做出了奇特的间断，远离了众人熟知的普通样式，使得每个人都很着迷。

米开朗基罗继续着上述圣器室的工作，留下七座塑像没有完全完工。就以上种种，以及陵墓的建筑创意，必须要承认他胜过了这些专业中的所有人；而由他开凿和完成，将来也要安放在那里的大理石雕像就是最好的证明。其中之一为一尊坐姿的圣母像，圣母的双腿交叠着，而她的孩子，跨坐在她的大腿上，以最为优美的身姿转向了自己的母亲，急于吸吮她的乳汁，而母亲呢，一手抱着孩子，另一只手支撑着自己，附身向前将乳汁送到他的面前。

❶ 菲利普·布鲁内莱斯基
出生于佛罗伦萨，是意大利早期文艺复兴时期的建筑师及工程师。他的主要作品是圣母百花大教堂的穹顶，建穹顶使用的施工机械是布鲁内莱斯基为该工程特意制造的。

圣洛伦佐教堂圣器室中的美第奇圣母像（THE MEDICI MADONNA），圣子耶稣的动作运用了对立平衡的构图法，来表现他转身朝向他的母亲。

美第奇家族墓

米开朗基罗在营造朱利亚诺公爵和洛伦佐·德·美第奇墓的环境时做的一切使每个人都惊为奇迹，他觉得整个大地都不足以令伟大的他们荣光下葬，于是想要世间的每个片段都出现在那里，他们的陵墓的周围设计有四座被赋予了特殊意义的雕塑，分别为"昼""夜"与"晨""昏"；这些雕塑在形态、姿势以及肌肉结构线条的处理上都十分精妙，美得无与伦比，如果这项艺术失传，仅凭它们就已经足够去重塑这项艺术，达到其原有的光辉。

在余下的雕像中有两位全副武装的首领，其中一个是沉思中的洛伦佐公爵，雕像恰到好处地表现了他的智慧，双腿极为优美又富于变化；另一个是朱利亚诺公爵，一个骄傲无比的人物，头部、咽喉、眼部的处理，鼻子的轮廓，张开的嘴以及头发全都绝妙非凡，更不用说人物的手部、臂膀、膝盖和双脚，简而言之，米开朗基罗在那里面雕刻的无论什么东西，都会让人目不转睛地凝视而不感到丝毫疲累。

但是我该对晨之女神说些什么呢？裸体的女神像，难道是发自灵魂中的忧思被唤醒，使整个雕塑都散发着柔弱的气息？在姿势中可以看出她在努力，仿佛刚从沉睡中醒来，想从柔软的床铺中起身；而似乎刚一醒来，她就发现那位伟大的公爵已经死去，永远地闭上了双眼，因此她痛苦、悲伤难耐，哭泣的她依旧如此美丽，却显现着巨大的哀伤。而我又该如何去溢美一尊不仅少见，更可以说是绝无仅有的夜之女神呢？有谁在雕塑艺术史中的任何时代，无论古代还是现代，见过这样的雕像？因为在她身上，不仅可以见到沉睡中的宁静，还有失去伟大和光荣偶像的悲伤和忧愁；而我们必须相信，就是在那个"夜"，我不说是超越，它吞噬了所有在雕塑和设计上想与米开朗基罗齐名的人们。

当米开朗基罗满怀激情和喜爱地进行着这些工作时，1529 年佛罗伦萨城遭遇了围攻，使得工程无法继续。当达成和平后，克雷芒教皇立即敦促他去做圣洛伦佐的工作。米开朗基罗于是开始了雕刻一尊 3 布拉恰高的大理石像，刻画的是从箭筒中抽箭的阿波罗。

在此期间，费拉拉的阿方索公爵（Duke Alfonso）派遣一位使者拜访米开朗基罗，公爵听说这位大师亲手绘制了一些难得一见的作品给他，因此不想错失这些珍宝。公爵派出的使者到达佛罗伦萨，找到米开朗基罗后向他出示了那位公爵的推荐信；于是米开朗基罗客气地接待了他，给他看自己亲手绘制的《拥抱天鹅的丽达》，以及《破壳而生的卡斯特与帕勒克❶》，后者是一幅大型胶彩画，绘制得栩栩如生。公爵的使者想到世人对米开朗基罗的盛赞，认为他应该做些更伟大的作品，并没有认识到作品的优异与画技的精湛，他对米开朗基罗说："哦，这都是些微不足道的东西。"米开朗基罗知道，没有人能比那些长期实践的人更有发言权，于是询问特使，他的职业是什么。特使冷笑着回答："我是一个商人"，他确信不会被米开朗基罗认出自己是位贵族，并且觉得这个问题很好笑，同时也很看不起佛罗伦萨的手工艺行业。米开朗基罗却完全明白他这些话的含义，立即回答道："你会发现这次你为你的主人做了亏本的生意。赶紧从我的眼前消失吧。"

最后的审判

为了完成圣洛伦佐教堂的图书馆和圣器室，需要有一系列的雕塑，其中一些被分派委托给了其他雕塑大师。正当米开朗基罗马上就要完成这项工程的时候，教皇决定将他传召至自己的座前，非常想让他给西斯廷教堂的墙壁画上壁画，米开朗基

❶ 卡斯特与帕勒克
卡斯特与帕勒克，古希腊罗马神话中的一对孪生兄弟。后来成为了双子星座。罗马人非常崇拜他们。两兄弟是水手的保护神，会援救遇难的船员。

朱利亚诺·德·美第奇基（THE TOMB OF GIULIANO DE' MEDICI），斜倚着的两尊雕像《夜》（左）和《昼》（右），前者不安地沉睡，后者则从肩上向外张望。

米开朗基罗
Michelangelo

罗曾经在这所教堂里为尤利乌斯二世绘制了天顶画。在祭坛所在的主墙壁上，克雷芒教皇希望他能绘制《最后的审判》，并且在其对面，也就是大门的上方，他打算让米开朗基罗绘制路西法因骄傲自大而被从天堂驱逐的场景，以及其他那些和他一起犯错的天使们，在他之后被投入地狱的中央。在很多年前，米开朗基罗就曾经做过很多描绘这样场景的速写和设计。

1533年，克雷芒教皇去世了，继位的是保罗三世。这位新教皇要求米开朗基罗继续这项工作，就像前任克雷芒教皇要求的一样。当保罗三世前来视察的时候，米开朗基罗已经完成了3/4还要多的工作量。当时的礼仪官比亚戈·达·切塞纳（Biagio da Cesena），是一位非常注重礼仪举止的人，和教皇一起来到教堂视察。他询问米开朗基罗是怎么想的，并贬损说在一个如此圣洁的场合里有那些不雅的赤身裸体的人物是一件丢人的事情，并且还嘲笑说这不是画给教皇的作品，而是妓院或小酒馆的壁画。米开朗基罗对此非常生气，决定自己动手报复回去，比亚戈刚一离开，他就凭记忆画了一幅他的写生图，根本不需他本人站在眼前，就把米诺斯的脸画成了比亚戈的样子，令他被一条大蛇缠住双腿，在地狱里和一大群魔鬼待在一起；后来比亚戈先生无论是哀求教皇还是请求米开朗基罗都没能去掉他的面孔，他被画在那是这一事件的见证，直到今天他仍然留在那里。

当这幅《最后的审判》公开面世，它不仅佐证了米开朗基罗胜过早先在那里作画的大师们，而且还试图超越他自己绘制的著名的天顶画。因为他凭自己的想象描绘出了那个时代的恐怖。这幅画是为了所有生活在水深火热中的人们的巨大苦难而作，完整描绘出了

未完成的阿波罗像，日期
大约为1530年前后。

直接绘于西斯廷教堂圣坛后的壁画《最后的审判》（THE LAST JUDGEMENT），描绘了耶稣的第二次降临。在壁画的中央，耶稣宣判着人类的命运，将恶人打入地狱，将善良的魂灵送入天堂。

在《最后的审判》(THE LAST JUDGEMENT)中,罪人们被拖下地狱,在那里等着他们的是长着驴耳,全身被毒蛇缠绕的米诺斯。

米开朗基罗
Michelangelo

耶稣受难，并塑造出了一众姿态各异的裸体天使，在高空中背负着十字架、耻辱柱、长矛、海绵、钉子和荆棘冠，画家的天赋才华成功克服了绘制这些人物的重重困难，使他们得以尽善尽美地呈现出来。在这个场景中，端坐着的耶稣面容充满了骄傲自豪，又显得阴沉可怖，他将头转向了那些被诅咒的该死的家伙；圣母玛利亚却没有显露出惊恐畏惧，只是倾听着，旁观着这场巨大的浩劫，抓着身上的披巾裹紧了她的身体。

画面中有不胜枚举的人物，先知和使徒们，站成一圈围住了耶稣，特别是亚当和圣彼得肯定是被特意绘制于此，他们一个是面临审判的人类的祖先，另一个则是创建基督教教会的首位圣徒；在基督脚下的是极富美感的圣巴塞洛缪，手拿他殉道时被剥下的人皮。圣劳伦斯同样也是裸体的，在他身边的是众多的圣徒，男女均有，还有一些凡人，男人和女人，或近或远，围绕在基督身边，他们互相拥抱着，欣喜于得到了来自上帝的永恒祝福，也得到了辛苦工作的回报。在耶稣的脚下，是七个吹小号的天使，如同圣约翰福音书描写的，他们仿佛听到了审判的召唤，使一切看到他们脸上可怕怒火的人都吓得汗毛倒立。此外还有两位手持《生命之书》的天使；在他们附近的，是化身魔鬼形象的七宗罪人，他们攻击着飞向天堂的灵魂们，竭力想把他们拖下地狱。米开朗基罗向世人展示了，死者复活的过程，描绘出他们是如何在同一片土地上再次变得血肉丰满，并且如何在其他已经复活的人们的帮助下飞向天堂。

米开朗基罗的精心构思和不懈努力，在描绘卡戎的渡船时得到了集中体现，渡神怒容满面，用船桨击打着被恶魔拖下去的灵魂。各色各样的魔鬼变化多得难以想象，不愧为来自地狱的怪物。在罪人们的身上，可以看到他们对罪恶和对永恒诅咒的畏惧；所有细节中蕴含的美感令人无话可说，一幅如此伟大的画作能够以如此和谐的技法完成真是一件绝妙的事情，仿佛从没打过底稿小样，而是在一天的时间里一气呵成的。这件人物众多的伟大画作，充满了可怖的力量，令人无法描述，因为它充满着人类已知的所有情感。自负的，嫉妒的，贪婪的，恶毒的以及所有这类的罪人，可以被任何一个观察力敏锐的人轻松分辨出来，因为在刻画他们的时候，米开朗基罗观察了现实生活中，各种场合、各种条件下，人们不同的神态、表情和身姿。尽管伟大而又非凡，对这样一个奇才来说也非绝无可能，因为他总是精于观察，细心敏锐，并且见识过了形形色色的人群，如同哲学家从思考和写作中获得认知，他也从与世界的交流中发现美。因此，对绘画有着判断和理解的米开朗基罗发现了艺术最恐怖的力量，并用画中人物体现出这些想法和情感，这是除了米开朗基罗其他人都没有做到过的。同样的，他也能从男女老幼各具特色的丰富姿态中，看到无穷的变化。

画中透视法的部分呈现出如同浮雕一样的效果，而精细描绘的部分又因画面的和谐产生出极为柔美而精巧的效果，所有的一切都真实地展现出，一位真正优秀的画家的画作所应有的样子。对我们艺术来说，这是上帝赐予人间的艺术典范和绘画技艺，以便让人们看出当智者们从天堂降临到人间，命运之神是如何运作，并赋予他们非凡的才智与学识的。这件作品将那些自以为掌握了艺术的人们捆绑在它身后的锁链上；不管一眼看到他笔下的随便哪个人物，那巨大的艺术冲击力，令每一个崇高的灵魂，无论多么强大，都会颤抖和害怕。

米开朗基罗辛苦画了八年才完成了这幅作品，于1541年的圣诞节那天公开面世，它令整个罗马啧啧称奇，不，应该说是让整个世界都称之为奇迹。

保罗教皇仿效尼古拉斯五世（Nicholas V），让安东尼奥·达·桑加罗（Antonio da San Gallo）在同一楼层建造一个名为保琳娜的小教堂，并决定让米开朗基罗在其中绘制两幅场面巨大的壁画。其中一幅为《圣保罗的皈依》，画中的耶稣与无数裸体的天使一起在半空，姿态动作无比优美，而他们身下的人们则茫然而惊恐，保罗从他的坐骑上摔落，摔倒在地，周围是他的士兵们，一些士兵正奋力将他拉起。其他人则被耶稣华美的音容所震慑，他以优美的姿态和那令人不可思议的可怕的扭转动态飞翔在空中，与此同时，腾跃的战马，仿佛要挣脱试图将它拉回的人而冲出去一般。整幅作品都充满了绝佳的设计感和艺术性。

钉在十字架上的圣彼得

另外一幅画是《被钉在十字架上的圣彼得》，画中的圣彼得是一个美貌非常的裸体人物，被固定在十字架上；负责竖起十字架的牧师，在地上挖了一个洞后，正竭力将十字架抬起，以便最后能让圣彼得双脚悬空倒吊钉在十字架上；其中有很多引人入胜而又唯美的构思。米开朗基罗像之前提到的一样，只将他的注意力投注到艺术的尽善尽美上，因而画面中看不到风景景观，没有树木与建筑物，也没有其他分散注意力的东西，因为，作为一个不愿将自己伟大才华浪费在这类东西上的人，他从不致力于此。这些是他在75岁时画就的，也是他最后一幅画作，仿佛他在亲口告诉我们，这些人物令他感到多么疲惫，因为绘画，特别是湿壁画的绘制，对于超越一定年龄的人来说，就不再是一门艺术了。

《保罗的皈依》（THE CONVERSION OF PAUL）绘于1542—1545年间。画面的构图展现出一条优美的线条，从画面左上方表现的天堂开始，穿过画卷的中部，再到保罗被摔下马背的地方。米开朗基罗在此处运用了更多的矫饰主义风格，并未得到同时代人的赞誉和认可。

米开朗基罗的灵魂和天赋令他无法无所事事地虚度光阴，由于他已经无法作画了，于是开始了一块大理石的雕刻，打算以圆雕的方式雕出四个人物，尺寸比真人更大些，其中包括死去的耶稣。耶稣从十字架上被解救下来，圣母玛利亚支撑着他的身体，尼苛德摩（Nicodemus）弯着腰双脚有力的站着帮扶着圣母，一位玛丽同样也在帮忙，她知道被巨大哀痛所击倒的圣母玛利亚，已经再也无力支撑。从没在其他地方见过此刻耶稣这样的死亡之态，四肢了无生气地悬垂着，以一种全然不同的姿势躺着，不仅与米开朗基罗其他作品全无雷同之处，而且与所有可见的任何创作作品人物都不同。这件作品的艰难之处在于，要从一块石料中雕出这些世所罕见的人物，确实无与伦比。但是这件作品却没能完工，并且遭遇了很多不幸，尽管米开朗基罗打算用它来装点自己的墓穴，打算长眠在他计划放置雕像的圣坛脚下。

卡比托利奥广场

罗马人想要将卡比托利奥广场建成实用、宽敞又赏心悦目的样子，修建装饰性的廊柱，以及坡道阶梯或倾斜的甬道，并进一步在那里装饰上古典雕像。为此，他们征询了米开朗基罗的建议，米开朗基罗给他们设计出一套极为美丽而又丰富的改建方案，在这套方案中，在元老宫朝东的一面，他设计了一个大理石的外观，飞升而上的阶梯，从两侧上升交会到一个平面空间，人们可以从这里进入元老宫的大厅中央，富于曲线性的双翼饰以栏杆，既可起到支撑作用又可用作护墙。

为了进一步丰富这个部分，米开朗基罗在基座上放置了两尊卧姿的大理石雕像，他们是古老的河神——台伯河和尼罗河；在他们中间的位置的壁龛里，是朱庇特（Jove）。南面坐落的是保守宫，与之相配的是装饰繁复而富于变化的外观，最下面是一个凉廊，布满了立柱和壁龛，里面有很多古典塑像。

在面向北面的另外一侧，阿拉柯利教堂下，是另一个与之相似的外观；在它前面，朝西的一侧，是向上的基座式阶梯，还带有作为边饰和护墙的栏杆。这里是主要入口，有柱廊和大量尊贵的雕像。在广场的中心位置，一个椭圆形的基座上，是著名的马可·奥勒留❶（Marcus Aurelius）骑马的青铜塑像。

法尔尼斯宫

教皇保罗三世命令小桑迦洛（San Gallo）扩建法尔尼斯家族的宫殿，但是修缮巨大的上檐的工程，教皇陛下希望米开朗基罗能够按照自己的设计和方向来完成。米开朗基罗无法拒绝如此赏识他的教皇，于是造出一个木质模型，来取悦教皇陛下和整个罗马。在小桑伽洛死后，教皇希望让米开朗基罗负责整个工程的建造。在那里，宫殿的主入口上方，他建造了巨大的大理石落地窗，窗台上有美丽的杂色的大理石柱，上方还饰有巨大的大理石制作的保罗三世的徽章盾牌。在宫殿的内部，米开朗基罗延续了之前两个设计的风格，富于变化优雅美丽的窗户、装饰物以及高飞檐。他加宽并扩大了大厅，整修了前厅，将拱顶建成了半椭圆形。

在此期间，米开朗基罗还设计了一座跨越台伯河的桥梁，直接和法尔尼斯宫相连，这样就能从这所宫殿直线去往他们在特拉斯提弗列区的宫殿和花园了，并且能从面对鲜花广场的主入口处，呈一条直线笔直地看到庭院，喷水池，朱利亚街，桥梁和另一

❶ 马可·奥勒留
是罗马帝国五贤帝时代的最后一个皇帝，拥有凯撒皇帝的称号，于161年至180年在位。
奥勒留皇帝骑马青铜像创作于公元170年，充分体现了古罗马肖像的写实风格。对以后的意大利文艺复兴时期雕刻家产生了重要影响。

罗马卡比托利奥广场（THE PIAZZA DEL CAMPIDOGLIO）的阶梯，基座上坐落着河神雕像。

法尔尼斯宫的外部,带有教皇徽章的大理石盾牌悬挂在窗户上方。

座花园的美景，甚至可以看到开在特拉斯提弗列街的另外一道门。

庇亚门

1549年，教皇保罗三世辞世。继承教皇之位的是尤里乌斯三世，接下来的是庇护四世，庇护四世要求米开朗基罗出一个庇亚门❶的设计方案。米开朗基罗设计了三套方案，全都富于想象力并极为美丽，教皇在其中选择了一个花费最少的方案用以实施；那个城门至今还矗立在那里，为米开朗基罗赢得了极大的声誉。

米开朗基罗了解了教皇的意愿，希望自己可以重建罗马的其他城门，于是做了很多其他设计方案献给教皇；他应教皇所托，做了类似的设计，将戴克里先浴场❷改建为安杰利圣母新教堂，成为了供基督教众使用的庙宇。他设计的图稿战胜了很多其他优秀设计师的作品，做了很多为加尔都西会教士提供便利的精美构想，这项工程现在已经快要完工了，它使得教皇陛下，以及所有的主教和宫廷的贵族们都大为惊叹，对他的精准判断赞叹不已。这个可爱的构想利用了浴室的所有框架，在此基础上建成了一个极为美丽的教堂，其入口处超过了所有建筑师的期望，为此他又赢得了无限的赞誉

❶ **庇亚门**
罗马奥勒良城墙上的一个城门。

❷ **戴克里先浴场**
于公元305年落成，是当时整个罗马帝国最大的浴场，可以容纳三千人共浴。浴场的旧址如今外表已是残垣断壁，但内部被改建为三个部分，包括：安杰利圣母教堂，也就是米开朗基罗设计改建的这所教堂，还有圣贝那多教堂和罗马国家博物馆。

米开朗基罗于晚年受命设计这所教堂，利用原建筑的框架结构改建成了现在的教堂，并且保持古迹的外观不变。遗憾的是，次年89岁的大师便与世长辞。

米开朗基罗为城门画的建筑草图。

庇亚门今天的样子。

和荣耀。同样，为了这个教堂，米开朗基罗还为教皇陛下设计了一个青铜的圣礼祭盒，其大部分为雅各布·西西里亚诺（Jacopo Ciciliano）大师铸造，他是一位非常优秀的青铜铸造师，将米开朗基罗的作品铸造得非常精致和细腻，没有任何粗糙之处，因而很容易就能被抛光擦亮；在这个领域，他是一位极为罕见的大师，令米开朗基罗感到非常满意。

辞世与遗产

1563年2月17日23时（此处为佛罗伦萨判定的时间，根据罗马记录的为1564年），米开朗基罗停止了呼吸，去往了极乐世界。他的天赋与才华在他的有生之年就得到了认可，而不是像很多人一样，死后才为世人所知，尤利乌斯二世、利奥十世、克雷芒七世、保罗三世、尤里乌斯三世、保罗四世和庇护四世，所有这些最高贵的教皇陛下们，都希望他能随侍身旁。他拥有这般完美的想象力，脑海中构思的事物是如此的神奇，以至于常常无法通过双手来表现出如此令人敬畏而又宏伟的构想，他就放弃了自己的作品，不但如此，甚至是毁掉了其中的大部分；据我所知，在去世前不久，他烧毁了大量亲手绘制的设计稿、速写和草图，为了不让任何人看到他费力前进所承受的辛劳和他穷尽才思才创造出方法，从而令他显得不那么完美。

没人会觉得奇怪，米开朗基罗喜欢独处。作为一个迷恋于艺术的人，这要求一个人要为艺术奉献自己全部的思绪。而且，对于希

《胜利者》（THE GENIUS OF VICTORY）运用了戏剧化的对立平衡来表现精力充沛的年轻人战胜了老年人。

望完成艺术研究的人来说，避开世人也是很有必要的，当他专注于艺术的时候，就永远不会感到自己是独自一人或是毫无思绪。而那些将此归结为任性而又古怪的人们是错误的，因为如果想要完成出色的作品，就要将自己屏蔽于所有的忧虑和烦恼之外，因为艺术要求全神贯注地沉思，独处以及简单的生活，容不得任何魂不守舍的三心二意。

米开朗基罗是一个坚韧不拔的人，并且记忆力好得惊人。对其他人的作品只要见过一次，他就会原原本本地记住它们，他也从没做过任何一件作品是雷同的，因为他记得自己的每件作品。在他年轻的时候，有一次在和绘画界朋友们共进晚餐时，他们想出了一个游戏，想看看谁能仿照那些一无所知在墙上胡乱涂鸦的人，画出一个最缺乏设计的笨拙人物来。米开朗基罗记得曾经见过的，墙上的一个荒诞不经的人像，于是一丝不差地将它画了出来，仿佛原图就摆在他的面前，于是赢过了所有这些画家——因为对于沉迷于艺术设计，习惯于精选的作品，且为名声所累的人们来说，毫无理性地信笔涂鸦是一件相当困难的事。

他鄙视每一个伤害过他的人，但他从不急于打击报复，而是以他自己的方式予以回击，极为耐心，极为朴实，话语非常谨慎而富于智慧。

有时，他的语言又极为巧妙，幽默且反应机敏。当一个朋友向他谈起了死亡，说肯定会令米开朗基罗很悲伤，因为他一直生活在艺术的劳作中从未有任何停歇，他回答说，那没有什么，因为，如果生命是一种享乐，那么出于同一位大师之手的死亡，也不应该令我们有丝毫不快。一位市民在佛罗伦萨的圣弥额尔教堂见到了米开朗基罗，他正在那里凝视着多纳托的雕塑圣马可，那人问他认为这个雕像怎么样，米开朗基罗回答说，他从没见过任何雕像比那个更像个好人，而且，要是圣马可长得真是这个样子，人们就该相信他写的东西。

的确，米开朗基罗是上帝派来的艺术家们中的典范，为了能让我们从他身上学习高贵的品格，并且从他的作品中学到真正优秀的手工艺人所应有的作为。米开朗基罗被一个朋友问及，对一个用大理石仿制最有名的古董雕像，并且自夸赝品已经超越了古人水平的人做何感想，米开朗基罗回答说："一个跟在别人身后的人是永远走不到前面的，并且一个不能很好独立创作的人也不可能很好地利用他人的作品。"

米开朗基罗曾经去参观一个完工后马上要拿出去面世的雕刻作品。雕塑师花费了很大力气去调整窗口的光线，为了能让它看起来效果更好。米开朗基罗于是对他说："你别费劲了，重要的是广场上的光线。"意思是暗示说，当作品被放置于公共场合，大众的评判才能决定作品的好坏。

这个未完成的年轻奴隶的塑像从其石头外壳中浮现出来,它被一些人解读为人类在苦难中挣扎,是获得自由意志的生动图解。

拉斐尔

拉斐尔·桑齐奥·达·乌尔比诺

Raffaello Sanzio da Urbino
(1483—1520)

画家与建筑师

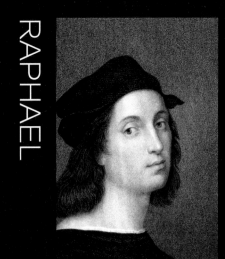

    拉斐尔被自然女神赐予了谦逊和善良,这些美好的品格适时地被赋予那些天性甜美温柔,举止优雅温和有礼的人们,使他们能够与众不同,事事处处都表现出合宜得体和讨人欢喜。当自然女神来到人间,她被米开朗基罗的艺术深深打动,但是对于拉斐尔,她希望能够被他的艺术与人品同时征服。事实上,生活在那个时代的很多艺术家,性格中都有着桀骜不驯和癫狂因子,这些不仅令他们的脾气古怪无常,还常常令他们的气质更多地表现为邪恶的阴郁黑暗,而非品行高洁者所拥有的亮丽阳光。因此,她确实有理由令拉斐尔大放异彩。

    1483年拉斐尔出生于乌尔比诺,他的父亲名为乔瓦尼·德·桑蒂(Giovanni de'Santi),是一位不太出色的画家,但头脑非常聪明,完全有能力带领他的孩子走上成功之路,而他自己却没那么幸运,没能在孩童时代就受到指引。因为了解母乳喂养婴儿的重要性,乔瓦尼坚持让自己这唯一的孩子由母亲母乳喂养,而不用保姆的乳汁喂养,并且坚持从幼年就在父母家中培养出良好的性格,而不是去农夫或是一般人的家中,因为缺少礼貌教育而学得粗鲁不堪。

当拉斐尔一天天长大，乔瓦尼开始让他练习绘画，发现他非常喜爱这项艺术；因而没过几年，还是孩童的拉斐尔就成了乔瓦尼的好帮手，帮助他完成了很多画作。这位慈爱的好父亲明白，儿子从他这里没什么可学的了，于是决心把他送去皮埃特罗·佩鲁吉诺（Pietro Perugino）身边，那是当时首屈一指的画家。于是他动身前往佩鲁贾，但是没能在那里找到皮埃特罗，为了减少等人的烦恼，他于是开始在圣方济各教堂画画。皮埃特罗回来后，乔瓦尼和他成为了好朋友，并且将自己的心愿告诉了他。皮埃特罗是一个非常谦恭的人，也很喜爱耀眼的天才，同意收拉斐尔为徒；于是乔瓦尼欢天喜地回到了乌尔比诺，将儿子带到了佩鲁贾，拉斐尔辞别深爱他的母亲却没流什么眼泪。

超级勤奋

为了学习皮埃特罗的技法，拉斐尔满怀敬意地临摹，他的作品非常接近师父的原作，以至于让人无法分辨，佩鲁贾圣方济各教堂的一幅嵌板画上的人物，非常充分地说明了这一点。画面中的人物分别是：已经飞上天堂的圣母玛利亚，耶稣基督正在为她加冕，在他们下方，十二位使徒，围绕着坟墓，凝视着天堂的光辉。在画的底部是一幅祭坛座❶画，分为三个场景，画中的人物尺寸比较小，

❶ 祭坛座
位于祭坛下面的台阶式底座。

《圣乔治屠龙》（S.GEORGE AND THE DRAGON）绘于1506年，是为乌尔比诺公爵而画，可能作为礼物送给了英格兰国王亨利七世。

主题分别是圣母玛利亚接受天使报喜，三贤士朝拜基督，以及圣殿中的西蒙怀中的耶稣。这幅画作的完成需要极度的勤奋；如果是不了解两人绘画技法的人，肯定要以为这是皮埃特罗·佩鲁吉诺的作品，然而这无疑是出自拉斐尔之手。

在这件作品之后，拉斐尔离开了佩鲁贾，去往卡斯特洛城，在那里他为圣奥古斯丁教堂绘制了一幅嵌板画，用的是相同的技法，同样也为圣多米尼克教堂画了一幅耶稣受难图。在同一座城市里，他还为圣方济各教堂画了小幅嵌板画《圣母的婚礼》，在这幅画中，可以看到拉斐尔的优秀之处更为凸显，并有了很大改善和提升。画中远处用透视法绘制了一座殿堂，笔触细致精心，使它成为了非凡的佳作。

与此同时，拉斐尔的一位好友，平托瑞丘（Pinturicchio），被任命绘制锡耶纳大教堂的图书馆。他知道拉斐尔是一个优秀的画家，就把他带去了锡耶纳，在那里，拉斐尔为平托瑞丘画了一些完成这项工程所需要的素描和草图。他没有继续做下去的原因是，锡耶纳的一些画家对列奥纳多·达·芬奇在教皇厅中绘制的草图赞不绝口，草图上描绘的是一队俊美的骑士，是为以后绘制领主宫大厅准备的，同样米开朗基罗·博那罗蒂雕刻的一些裸体人像也被广为赞誉。出于对艺术的喜爱，拉斐尔总是紧盯着艺术界的杰出人物，他很想亲自去观摩，于是放弃了这边的工作以及他所拥有的优厚待遇和舒适生活，奔向了佛罗伦萨。

来到佛罗伦萨，拉斐尔就喜欢上了这座城市，更痴迷于那些对他来说很神圣的作品，他决定在此定居一段时间。拉斐尔和一些年轻的画家成为了好朋友，其中包括里多尔福·吉兰达约（Ridolfo Ghirlandajo）、阿里斯托蒂·达·桑加罗（Aristotile da San Gallo）和其他一些人，他本人也成为了城里很受尊敬的画家，

《婚礼》又名《圣母的婚礼》（LO SPOSALIZIO, THE MARRIAGE OF THE VIRGIN）是文艺复兴时期透视画的杰出代表。

特别受到塔迪奥·塔代伊（Taddeo Taddei）的赞誉。拉斐尔为塔代伊画了两幅画，画风倾向于他从师父皮埃特罗那里学到的第一种技法，但同时也融合了他后来学习所获的另一种与此相关的更好技法。

金翅雀圣母

拉斐尔还和洛伦佐·纳西（Lorenzo Nasi）建立了深厚的友谊；洛伦佐那时大约刚娶了妻子，拉斐尔为他画了一幅圣母像，圣母的双腿之间站着年幼的圣子耶稣，满心欢喜的小圣约翰欢快地递给他一只小鸟，两个小朋友的欢喜都溢于言表。从姿态上看，每个人物都充满了童稚的单纯，显得极为可爱，此外，他们的着色极为完美，画工精湛无比，使他们看起来就像是活生生的血肉之躯，而不是被颜料色彩和绘画技法塑造出来的。圣母的面容也是同样充满了优雅和神圣；简而言之，画作的其他部分也至为精美，不论是画面的前景还是远处的风景。这幅画被洛伦佐·纳西终生收藏，他对其极为尊崇。但是后来，在1548年的8月9日，画作遭受了厄运，因为圣乔治山的滑坡，洛伦佐家的房子和临近的其他住宅一起倒塌了。不管怎样，这幅画的碎片被从废墟中找到，洛伦佐的儿子巴蒂斯塔是一个狂热的艺术爱好者，他用尽了一切努力把它修复了起来。

画完这幅画后，拉斐尔被迫从佛罗伦萨回到乌尔比诺，因为他母亲和父亲乔瓦尼的离世，所有的一切都陷入了混乱。在住在乌尔比诺期间，他为时任佛罗伦萨卫队长的吉多贝多·达·蒙泰菲尔特罗（Guidobaldo da Montefeltro）先后画了两幅圣母像，画幅不大但很精美，并且用的是他的第

《金翅雀圣母》（THE MADONNA OF THE GOLDFINCH）在1548年洛伦佐·纳西家在山崩中倒塌时严重损毁。后来被一位佛罗伦萨艺术家修复。

二种技法。还为他画了一个小幅的耶稣在花园中祈祷图,画中还有三位使徒睡在距离稍远的地方。这幅画作完成的质量非常之高,以至于找不到一丁点可以改进的地方。完成这些作品后,拉斐尔处理好相关的事情,就回到了佩鲁贾,他在此地的忠仆修士教堂中的安西帝礼拜堂画了一幅嵌板圣母像,画中还有施洗者圣约翰和圣尼古拉斯。圣塞维罗的圣母堂是应卡马尔多利之命建造的一个小修道院,坐落于佩鲁贾,拉斐尔为其绘制了题为《光辉中的耶稣》的壁画,画中的圣父上帝身边环绕着天使,六位圣徒:圣本尼狄克、圣罗穆阿尔多、圣劳伦斯、圣杰罗姆、圣莫洛以及圣普拉西多,分两侧落座,每侧三位圣者。这幅画被认为是当时最美的壁画作品,拉斐尔在画中用巨大而清晰的字迹写下了自己的名字。

同样在这座城市中,帕多瓦的圣安东尼修女会委托他画一幅嵌板圣母图,画中的圣子耶稣穿戴齐整地坐在圣母的大腿上(这是为了取悦那些单纯而可敬的修女们),在圣母的两边,分别是圣彼得、圣保罗、圣塞西莉亚以及圣卡特琳娜。对于这两位圣洁的贞女,拉斐尔画出了最甜美而可爱的面容,以及最精美而富于变化的发型,在任何其他地方都没有见过,在那个时代是极为珍贵而稀有的。在这幅画上方的弦月窗上,拉斐尔画出了极为优美的圣父——上帝,在祭坛底座的装饰画中,他描绘出了三个场景,其中的人物尺寸都不大,分别是耶稣在花园中祈祷,耶稣忍受十字架酷刑(画中有些士兵拖拽着耶稣,一举一动都极为生动),以及耶稣躺在圣母的腿上死去。这件作品极为优秀也极为虔诚,它不仅受到那些修女们的极大尊崇也被所有画家们广为赞誉。

在离开佩鲁贾之前,贵妇人阿特兰塔·巴格丽奥尼(Atalanta Baglioni)恳求拉斐尔为她在圣方济各教堂的礼拜堂画一幅画;但是因为他那时没有及时得知她的心愿,于是向她许诺说,从佛罗伦萨回来后,无论他去哪里做什么,都绝不会辜负她的。为此,到达佛罗伦萨后,在付出难以想象的艰辛来从事艺术研究和学习的同时,拉斐尔为那所礼拜堂画出了草图,打算一旦时机成熟,就去完成这幅画作,正如他后来所做的那样。

鲜活的血肉之躯

拉斐尔旅居佛罗伦萨期间,阿涅罗·多尼(Agnolo Doni)请他给自己夫妇二人画像。多尼是一个对其他事情都很吝啬的人,却愿意把钱花在绘画和雕塑作品上,因为这令他心情愉悦,尽管也还是尽最大的可能去省钱。拉斐尔同样也为多米尼克·卡尼吉亚尼(Domenico Canigiani)画了一幅圣家族像,画中的圣母带着童稚的小耶稣,迎接前来看望他的圣伊丽莎白和小圣约翰,圣伊丽莎白抱着小圣约翰,同时又注视着圣约瑟夫的表情极为生动,栩栩如生。而后者圣约瑟夫双手斜倚在一根拐杖上站立着,歪头看着圣伊丽莎白,仿佛在赞美上帝的伟大,并且惊叹尽管她已经这么年迈了,还能有这么年幼的孩子。当带着浓厚的情感和敬畏看着这对表兄弟时,所有的一切都显得相当迷人,因为他们两个都是幼嫩可爱的天真孩童,两人友爱地抚摸着对方;更不用说描绘他们的头部、手部和脚部的每一笔着色,看起来就像是活生生的血肉之躯,而不是由一位艺术大师用色彩造就的。

这位最优秀的画家在佛罗伦萨城专心研究马萨乔(Masaccio)的旧作;而他在达·芬奇和米开朗基罗画作中看到的东西,令他更为专注于自己的研究,终于拉斐尔实现了艺术和技法上极为惊人的改进。在佛罗伦萨生活期间,在朋友们之外,拉斐尔和圣马可教堂的巴托洛米奥神父(Fra Bartolommeo)关系亲密,拉斐尔很喜欢他的着色方式,于是不遗余力地去模仿他;作为回报,

他给这位好神父讲解了透视学原理，而对于这门学问是神父直到那时都还没有注意到的。

耶稣下葬图

之后拉斐尔被召回至佩鲁贾，他在那里完成了给上面提到的许诺阿特兰塔·巴格丽奥尼夫人的圣方济各教堂的画作。这幅至为神圣的画卷展现了死去的耶稣被送往墓地的场景，他被描画得极为鲜亮，又得到了悉心保护，以至于看起来就像是刚刚才被画出来一样。在这幅画的构图中，拉斐尔凭借着自己的想象画出了亲属们的悲痛，因为倒下长眠的死者正是他们曾经的挚爱。圣母已经昏厥过去，所有人物都在哭泣，那样情真意切，特别是圣约翰，他双手紧握，头颅仰起，那样子让再铁石心肠的人都为之动容，心生怜悯。事实上，这幅画迷住了所有见到它的人，任何人看到这幅画所表现出的勤奋、博爱、艺术性和优雅，都会大为惊叹，惊叹于画中人物的风采，衣料的精美，简而言之，就是画中处处展露出的卓然优异。

完成了这幅作品后，拉斐尔回到了佛罗伦萨，他接受了一幅圣坛嵌板画的委托，这幅画将要被放在圣灵教堂的礼拜堂中；于是他开始工作，完成了近乎成品的草稿图。但是尤利乌斯二世的侍从布拉曼特·达·乌尔比诺（Bramante da Urbino）给他写信，他是拉斐尔的远亲也是他的同乡，信上说他已经说服了教皇，要新建一些宫殿的房间（在梵蒂冈），这样拉斐尔就有机会在其中展示自己的才华了。这个举荐令拉斐尔非常兴奋，因而放弃了在佛罗伦萨的工作，留下尚未完工的嵌板画，只身前往罗马。等他到了罗马之后，才发现宫殿中的大部分房间都已经画好了，或者是还有一大群画师在里面作画。

《卡尼吉亚尼圣家族》（THE CANIGIANI HOLY FAMILY）中的平静情绪被拉斐尔运用的柔和光线和彩虹般的色彩更为凸显了出来。

拉斐尔
Raphael

《耶稣下葬图》(THE DEPOSITION)——在这幅画右下方的对立平衡身姿的运用上可以看出米开朗基罗对拉斐尔的影响。

雅典学院

拉斐尔受到了教皇尤里乌斯的热情接待，于是在签字大厅❶（The Camera della Segnatura）开始动手绘制一幅神学家将哲学、神学和占星术相融合的场景的壁画：画中囊括了世上所有的智者，他们各自以不同的方式进行辩论。站得比较远一些的是占星学家，他们在一些小石板上列出了风水术和占星术中的不同数字和符号，这些小石板被美貌非凡的天使们传递给了布道者们；而后者正在详细地阐述这些内容。人群之中，第欧根尼（Diogenes）带着他的杯子，躺在台阶上陷入了沉思，这是一个充满想象力的人物，他的美和他疏于着装的个性表现，都很值得称道。画中同样还有亚里士多德和柏拉图，他们一个手持《蒂迈欧篇》，另一个拿着《伦理学》；两人身边围成一圈的，是一个伟大学派的哲学家们。

占星师和风水师们的美也无法表述，他们正用圆规在小石板上写画了大量数字和字母：在他们中间，一个身材匀称而英俊的年轻人，正伸出手臂以示赞赏并不住点头，那是曼图亚公爵费德里戈二世（Federigo Ⅱ），当时正客居罗马。一个把腰弯到了地上的人物，手中正拿着一个圆规在小石板上画圆：据说这是建筑师布拉曼特（Bramants），描绘得十分传神，不亚于他本人重返人间。他旁边的人物，背转着身体，双手拿着一个天体球，这是琐罗亚斯德（Zoroaster）的画像；在他旁边的是拉斐尔，也就是这幅画的作者，他利用镜子完成了自己的肖像，并将自己的面容画在一个模样极为谦逊的年轻人身上，这位青年的气质极为优雅，令人愉悦，还戴着一顶黑色帽子。

❶ 签字大厅
位于教皇宫三楼，这里曾作为宗座圣玺最高法院的会议室，许多重要的教宗文件都在此签字发出。拉斐尔承接此任务的时候，这里是教皇尤里乌斯二世的图书馆兼私人办公室。

相比其他房间，签字厅的规模较小，仅约9米长，6米宽，四面墙壁的上方是半圆形拱顶。拉斐尔完成了包括"神学""哲学""诗学"和"法学"四个主题的壁画作品。留下了著名的画作《圣礼的辩论》（神学）和《雅典学院》（哲学），以及《三德像》（法学）和《帕那索斯山》（诗学）。

今天的梵蒂冈博物馆内签字大厅和赫里奥多罗斯厅（Stanza Heliodorus）、火厅（Stanza dell Incendio）和君士坦丁室（Sala di Costantino）一起被称为拉斐尔画室。

《雅典学院》（THE SCHOOL OF ATHENS）的特色是绘制了大量杰出的古希腊哲学家。本书的作者瓦萨里相信斜倚在台阶上的人物是第欧根尼，但是一些专家从那时起就提出了不同观点，认为那是苏格拉底。

布道者们的头部和面容所展现的美貌与善良也无法用语言描述，对这些布道者，拉斐尔将他们专心致志的神情，刻画得非常传神逼真特别是那些正在书写的布道者。比如，圣马修正从写满字符的小石板上抄写内容（小石板由他身前的一个天使举着），将它们记录在一本书中，在他身后，拉斐尔画了一位老者，他在自己的膝盖上放了一张纸，正在誊写圣马修记录下的一切；并且由于他以这种极不舒服的姿势专注于自己的工作，随着铅笔的移动，头部和下巴都变得扭曲起来。除了充满想象力的细节以外，值得一提的是画面的整体构图，处理得确实非常有层次感又合乎比例，可以说这充分证明了拉斐尔的实力，使人们可以从中看出，毫无疑问，在所有以画笔谋生的人当中，他已经成功地拥有了绝对的权威。

拉斐尔在这幅画中同样运用了透视法，并且以甜美而细腻的技法绘制了很多人物，以至于教皇尤里乌斯决意将其他所有画师的画都扔到地上，不论他们年迈还是年轻，以便让拉斐尔能够荣耀地独自完成他所投身的这项工作。来自韦尔切利的乔凡尼·安东尼奥·索多马（Giovanni Antonio Sodoma）的画在拉斐尔的作品上面，按教皇的命令被扔下弃之不用；但是拉斐尔却决定延续他的隔断设计和怪诞风格。还有一些巨大的勋章，一共四枚，拉斐尔在每个勋章中间画了一个人物，作为下面场景的象征，位于与壁画相对应的墙的上方。

在第一枚勋章中，拉斐尔描绘了哲学、风水学、星相学和神学达成了和谐统一，在其上方，他画的是代表知识的女神端坐在宝座上，宝座的两边被自然女神西布莉（Goddess Cybele）支撑，她们身具多个乳房，这在古神话中是狄安娜·波力马斯特（Diana Polymastes）的特征。知识女神的衣裙有四种颜色，对应着四种元素，从头部向下是火的颜色，腰带以下是天空的颜色，从大腿根到膝盖是大地的颜色，其余的，直到脚部都是水的颜色。和她在一起的，是一些同样极为美丽的小男孩儿。

另一枚勋章，位于朝向贝尔维蒂宫窗户的那面墙上，其中的人物是诗歌女神，她以缪斯女神波利海妮娅❶（Polyhymnia）的面貌出现，头戴月桂树花环，一只手中拿着一件古老的乐器，另一只手中是一本书，双腿交叉而坐。诗歌女神的面容之美超越了人类所能表达的极限，她站立着，双眼仰视天空，陪伴着她的是两个活泼好动而又精神饱满的小男孩儿。在同一侧墙面，在前面提到的那扇窗户的上方，拉斐尔后来画上了帕纳索斯山。

第三枚大勋章正好位于圣博士主持弥撒的画卷上方，上面画了一个代表神学的女神，和其他几个相比毫不逊色，她的身旁环绕着书本和其它东西，身边同样陪伴着小男孩儿。

第四枚大勋章，在另一扇窗户上面，从这扇窗望出去看到的是法院，于是拉斐尔画了手持天平的正义女神，她的剑高高举起指向天空，和其他女神一样身边同样陪伴着男孩；其视觉效果超级美丽，因为在下面的墙壁上，拉斐尔描绘了授予《民法》和《教会法规》的场景。

四画卷

拉斐尔在同一间大厅的天顶穹隅的四个斜角上，以类似的技法，画了四幅壁画，他付出了极多的辛劳来描画和着色，但其中的人物尺寸却并没有很大。在其中一幅临近神学的画卷中，他描绘了亚当之罪，也即是偷食苹果，运用的画法极为细腻；靠近星相学的第二幅画卷中，是一个占星

❶ **波利海妮娅**
希腊神话中九大缪斯之一，宙斯与记忆女神的九位女儿之一。在希腊神话中，她主管特定的艺术与文学领域。在有些地方，她被描绘成几何学、农艺和思考的女神，是位多才的女神。
在古典文学作品中，她被描绘成身着宽松长袍，披戴面纱的女子，她常常一脸严肃，气质忧郁，习惯将手掌托着下巴作思考状，而另一只手则习惯性的撑着柱子，这样的形象可以从很多雕塑作品中找到。

师正将恒星和行星固定在他们应在的位置上。在下一幅属于帕纳索斯山的画卷中，画的是玛西亚斯，他被阿波罗绑在一棵树上，并受到剥皮的酷刑；而在被授予《教令集》❶的那一侧，绘有所罗门的审判，描绘出他决意要将小孩切为两半的场景。这四幅画充满了表现力和丰沛的情感，表现出极佳的绘画天赋和优雅怡人的着色风格。

在朝向贝尔维蒂宫那侧的墙壁上，描绘的是帕纳索斯山和赫利孔山的泉水，拉斐尔围绕神山画了一圈月桂树，树影幽黑，在这一片青葱之中，人们几乎可以看到树叶在和风中微微摇曳。中间的空地中，有着为数众多的裸体情侣，他们的容貌和神态都是那样美丽动人，他们摘下月桂树的枝条，将它们编成花环，然后再随意抛洒出去，让花环遍布山野。总体而言，实话说，画中似乎弥散着神性的气息，其中的人物如此美丽，而画作本身又是如此高贵典雅，令任何一个专注研究它的人都忍不住惊叹，人类的大脑如何能令画中的事物如此栩栩如生。同样，更为形象逼真的是山中随处可见的诗人们，他们或站，或坐，或书写，或交谈，还有一些四人或六人聚为一个小组，或歌唱或谈天，相应地，这些都是根据画者的喜好而定的。在画面的一端，有奥维德（Ovid），维吉尔（Virgil），埃纽斯（Ennius），提布鲁斯（Tibullus），卡图卢斯（Catullus），普罗佩提乌斯（Propertius）以及荷马（Homer）；最后提到的荷马，是一位盲眼诗人，他仰头向上吟唱着自己的诗句，而他的脚下有个人正在把这些诗句写下来。旁边的一组人物，是九位缪斯女神和阿波罗神，他们的样貌是如此美丽，面容又是如此神圣，呼吸中都透露出优雅和生命的气息。画中还有博学的女诗人萨福（Sappho），至为神圣的但丁（Dante），优雅迷人的彼得拉克（Petrarca）以及多情的薄伽丘（Boccaccio），全都栩栩如生，还有提巴尔迪欧（Tibaldeo），以及数不清的其他现代诗人；并且整个画面构图极为雅致，画作的完成颇费苦功。

❶《教令集》
是罗马教皇关于教会法规写下的文集。

神圣的圣礼

在另一面墙上拉斐尔描画了天堂，天堂中基督、圣母、施洗者圣约翰、圣徒们，还有福音传道者以及殉道士们，正在云端举行圣礼，圣父上帝降下圣灵笼罩了所有人，特别是位于下面一层的为数众多的圣徒们，写下弥撒书，而祭坛上正在进行关于圣礼的辩论。在这些人中，有四位教会圣师，在他们身旁是为数众多的圣徒，比如多米尼克（Dominic），弗朗西斯（Francis），托马斯·阿奎纳（Thomas Aquinas），布奥那文图拉（Buonaventura），斯科特斯（Scotus），以及里拉的尼古拉斯（Nicholas），还有但丁，费拉拉的吉洛拉谟·萨伏那洛拉（Girolamo Savonarola）神父，以及所有的基督教神学家，还有数不清的真人写生肖像；半空中有四童子，举着翻开的《福音书》。

没有画家能够创作出比这些更为优雅和完美的人物，这些圣人被表现为端坐于空中，围成一圈，画得非常之好，事实上，除了他们的着色使之栩栩如生以外，他们还被以透视法营造出逐渐缩小和逐渐远离的效果，即使他们是浮雕塑像的话，也不过就是这样的视觉效果。此外，他们的衣服显示出了极其丰富的变化，布料上有着无比精美的褶皱，而头部的描绘也比普通人类更为神圣；正如基督像中所见的，所表现出的全部的仁慈与虔诚，以至于神性可以通过绘画的媒介展示于凡人。因为拉斐尔从自然写生中学到了一种特别的能力，使他绘制的头像显得十分甜美而优雅动人，对此，我们在圣母身上也能得到印证，圣母的双手按在胸前，凝视着自己的儿子，看起来无法拒绝他的任何请求；更不用说拉斐尔表现出的是一种十分贴切的美感，在画圣族长时表现出了年龄感，画使徒们时简单纯朴，而

《圣母，圣婴和施洗者圣约翰》（THE MADONNA WITH THE CHRIST CHILD AND S. JOHN THE BAPTIST），又名《草地圣母像》（THE MADONNA OF THE MEADOW）在这幅细腻敏锐的画作中，三个人物环绕着一个微型的小十字架。画面因相互凝视的目光和相互的抚触融为一体。

壁画《圣礼的辩论》(THE DISPUTATION OF THE HOLY SACRAMENT)表现了耶稣战胜尘世哲学的胜利。

画殉道者们则力求虔诚笃信。

在描画神圣的基督教圣人时，拉斐尔表现出了更多的艺术性和天赋才华。当他们分散于画面各处，呈六人或三两人的小组论辩时，他们的面容中呈现出一种竭力寻求真相的渴望和忧虑，这一点是通过他们手部的手势和动作展示出来的，每个人的动作都不同，颇具个性，有的转过耳朵倾听，有的拧起眉头，并且表现惊讶的方法也多种多样。

拉斐尔的绘画功力也因此得到了提升，于是被教皇任命继续去画临近于大厅的第二个房间。在此期间，他已成为名气很大的画家，他还为教皇尤里乌斯画了一幅油画肖像，这幅画像，像真人一样栩栩如生，使所有看到它的人都浑身颤抖，仿佛见到了教皇本人。这幅作品现在存放在人民圣母堂（S.Maria del Popolo），和一幅非常美丽的圣母像放在一起，这幅圣母像也是拉斐尔在同一时期创作的，描绘了耶稣的诞生，画中圣母用一幅面纱遮住了她的儿子，圣婴基督的美不仅表现在婴儿头部的神情，也表现在他的身体四肢中，仿佛是在表明他才是真正的神之骄子。圣母之美比起她的孩子也毫不逊色，除了极为甜美可爱，还能看到她的虔诚和喜悦。画中同样还有约瑟夫，他的双手倚靠在一根拐杖上，陷入了对圣子和圣母的凝思中，用一个至为神圣的老者充满爱意的目光凝视着他们。

这些画作完成后不久，锡耶纳（Siena）的一位富商，阿戈斯蒂诺·齐吉（Agostino Chigi）委托拉斐尔在一所礼拜堂作画。在此前不久，拉斐尔已经用最柔和细腻的技法为这位富商完成了他家中凉廊的壁画，这所宅邸现在被命名为齐吉宫，位于特拉斯提弗列区，即罗马十三区。凉廊中画了海中女神伽拉忒亚❶（Galatea）驾驶着一辆由两条海豚拉的战车，四周环绕着特里同斯❷（Tritons）和许多海神。拉斐尔于是开始

❶ 伽拉忒亚
一位西西里的海中仙女。海王星的卫星，海卫六以她的名字命名。
❷ 特里同斯
神话中一族或男或女的人鱼生物，常组成海神的护卫队。

为礼拜堂画草图,这个礼拜堂位于圣母玛利亚大教堂的入口处,拉斐尔用他的新技法绘制壁画,这种新的绘画技法比起之前的,一点也不显夸张,而且更为壮丽。在这幅画中,拉斐尔描绘了很多先知和女先知,这是在米开朗基罗所画的西斯廷教堂公开面世之前,尽管当时拉斐尔已经提前参观过了;实话说,这一直是他最棒的作品,也一直是所有美好佳作中的佼佼者,因为画中的女人和孩子表现得非常活泼生动,并且着色极为完美。

弗利诺圣母

接下来,应尤里乌斯教皇的内侍官的请托,拉斐尔为阿拉切利的主祭坛创作了一幅嵌板画,他将圣母玛利亚绘于半空中,画中还有无比美丽的风景,以及圣约翰,圣弗朗西斯和担任红衣主教的圣杰罗姆。在圣母身上可以见到耶稣的母亲所应有的一种人性和质朴之美;圣婴耶稣的姿态动人,正在与他的母亲手指相戏,除此之外,圣约翰身上表现出的是斋戒所通常才有的忏悔神情。这位圣人的头部表现出了灵魂的真诚和坦率的支持,是支持那些远离尘嚣且鄙薄俗世,在与世人打交道的时候,不吝向谎言宣战,并坚持说出真理的人们。

同样的圣杰罗姆也抬头向上,眼光望着圣母玛利亚,深深地陷入凝思;在他的目光中似乎令人想起所有他写进书本中的知识和学问,同时他的双手都在推介着内侍官,做出向圣母介绍他的动作。圣弗朗西斯跪在地上,伸出一只手臂,他抬头向上,注视着圣母玛利亚,与画面的整体感觉相一致的,能感到他的呼吸中都洋溢着爱的气息,并且从圣母美丽优雅的面容和圣子的灵动美好中汲取到了安慰和生命力。在圣母玛利亚下方,画面的中心位置,拉斐尔画了一个站立的男孩,

男孩儿举着一块铭牌抬头看向圣母；此外，还有一些风景，在绝对完美的画面中显得特别美丽。

博尔塞纳的弥撒

之后，拉斐尔又在教皇宫的房间里描绘了一幅奥维多圣餐变体的奇迹，也被称为《博尔塞纳的弥撒》。在这个场景中，能够看到正在做弥撒的牧师，因羞愧而脸色通红，他因自己曾经不够笃信，在看到圣餐真的流出鲜血后而倍感惭愧。他的眼中写满惊骇，目瞪口呆，完全忘却了身旁的听众，显得不知所措；从他的手势动作中，基本上能看出一个人在这种情况中会有的恐惧和颤抖。拉斐尔在他身边画了很多人物，所有人物都各具变化，不尽相同，其中一些人正在侍奉弥撒，另一些跪在台阶上，所有人都因这件事的离奇怪诞而感到迷惑不解，做出了各不相同却同样优美的姿势和动作，同时在很多人身上，无论男女，都表现出一种他们应当受到责备的意念。

在女人们中，其中一个位于画面底部的女人坐在地面上，怀中抱着一个孩子，而她听着另一个人讲述发生在牧师身上的全部事情，转过身子仿佛正在聆听的姿态十分绝妙，带着女性的优雅，显得既自然又活灵活现。在画面的另一侧，拉斐尔画出了正在聆听这场弥撒的教皇尤里乌斯，真是一幅出色之极的佳作，拉斐尔在其中画出了红衣主教圣乔治奥的肖像以及其他众人；拉斐尔利用打开的窗户设计了阶梯，以这种方式，画面似乎成为了一个整体：不，甚至看来似乎如果窗户

《弗利诺圣母》（荣光中的圣母）[THE MADONNA DI FOLIGNO（MADONNA IN GLORY）] 于 1511 至 1512 年完成，那时拉斐尔同时也在绘制教皇的套间。

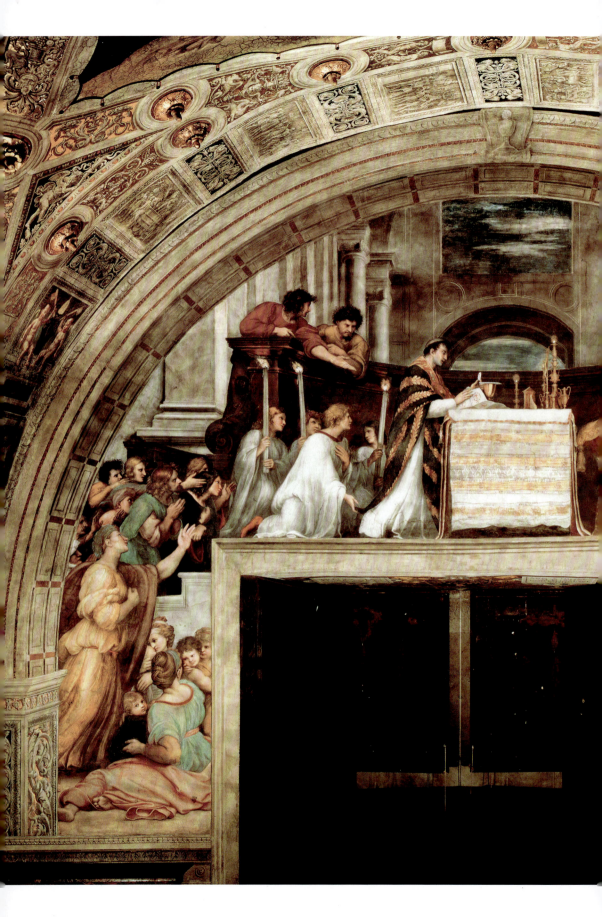

《博尔塞纳的弥撒》(THE MASS AT BOLSENA)的画面中心的两侧,分别是兴奋的情绪和心灵的宁静。

不在那里，整幅作品都会显得不够完整。因此，真的可以说在构思和组织每种类型的画面故事上，没有人能像拉斐尔一样灵巧熟练，也没人能比他更能干得杰出。

圣彼得的解放

　　拉斐尔在同一间房间的另一幅壁画中同样证明了自己的才华，与"解放"这个词相反，圣彼得落入赫罗德❶（Herod）手中，并且被投入监狱由士兵们看守；在这幅画中，拉斐尔显示出对建筑物的了如指掌和对监狱构建的精准判断，以至于后代众人对此的困惑多于感叹它所拥有的美感。因为拉斐尔从来都追求展现故事的原貌，并把其中的事物画得优雅而精彩；如同在这幅画中所展现的监狱的恐怖，狱中的老人被铁链绕身，绑在两个全副武装的卫兵中间，同时描绘出的还有沉睡的卫兵以及天使的耀眼光环，在墨色般沉重的黑夜中，天使之光照亮了监狱中的每个细微之处，并使士兵们的盔甲闪闪反光，看起来似乎比真实的甲胄还要逼真。

　　圣彼得的动作所展现的艺术与才华也毫不逊色，当他从铁链中被解救出来，在天使的陪伴下从监狱中离开，人们可以在其中看到，圣者的面容表明他更相信这只是一场梦而不是真的发生。因此，同样的恐惧和诧异表现在其他那些监狱外，全副武装的士兵身上，他们听到铁门开启的声响，一个手持火把的哨兵唤醒了其他人，火把的光焰照亮了他们所有人的盔甲；而所有这些光亮无法触及的地方，都被月光照亮。

　　这幅画构图巧妙，拉斐尔将它画在了窗户上方光线暗淡的墙壁上；正因为如此，

❶ 赫罗德
　　也就是圣经中提到的希律王，是耶稣出生时的犹太王，他的统治非常严苛，曾做出很多迫害耶稣和基督教徒的事。

当你观赏这幅画时，光线会直击面庞，并且自然的天光和画面中夜晚的不同光源反差巨大，使得火把的火焰、天使的光环与厚重的夜色看起来完全是真实而又自然的。在画中可以看到盔甲上的阴影，其他投下的阴影，反光，以及光线蒸腾而出的炫丽光晕，所有这些都是通过对最黑暗的蔽光部分的描绘才能表现出来的，并且表现得非常精彩，实话说拉斐尔堪称大师中的大师；并且作为夜晚的效果来说，在已知的所有描画夜晚的画作中，这一幅是最为真实也是最为神圣的，它被全世界奉为旷世难寻的珍贵佳作。

在一整堵的墙壁上，拉斐尔画了神圣的礼拜，希伯来的约柜和蜡台；同样还描绘了教皇尤里乌斯将阿尔瓦人❶逐出神殿的场景。在这幅画中，信使们抬着肩舆，教皇尤里乌斯坐在其中，形象十分逼真，他们都是依据生活在那个时代的真人所画。正当人们，其中有些妇女，给教皇让路通行时，一个全副铠甲骑在马上的骑士变得怒不可遏。他和两个步兵一起，以最凶猛的姿态发起了进攻，将傲慢的赫里奥多罗（Heliodorus）踏于马下。而赫里奥多罗正是遵照国王安条克（Antiochus）的命令，来抢劫圣殿中给孤儿寡母们储备的全部财富的。

如画面中所见，钱财和珍宝已被抢走。当不可预料的惩罚从天而降，赫里奥多罗一下子被恐惧击溃，并且在前面提到的三个人的鞭挞下倒地不起，他的部下也在恐慌中摔倒，劫掠来的财宝全部散落于地。除此之外，画中看到神圣的奥尼阿斯（Onias）大祭司，他身穿正式的长袍，双手合十仰望天空，急切地祈祷着，他先是深深地怜悯这些几乎被抢劫一空的无辜穷人，又因见到来自上苍的帮助而欣喜若狂。除此之外，通过拉斐尔的美丽想象，我们可以看到一些人爬到了墙柱底座的基石❷上面，抓着通风口，以一种极为难受的姿势站在上面观望；还有一大群人以各不相同的方

❶ 阿尔瓦人
是对异教徒野蛮部落的贬称，今天这个词已经演化为贪婪（avarice）。
❷ 基石
支撑建筑物或柱子的小块石料。

在《圣彼得的解放》(THE LIBERATION OF S. PETER)中拉斐尔将天使之光与破晓的曙光、月光、闪亮的铠甲和士兵的火把并列展现,将人们带入一场光影的盛宴。

在《赫里奥多罗被逐出神殿》(THE EXPULSION OF HELIODORUS FROM THE TEMPLE)中,教皇尤里乌斯二世出现在画面的左侧,见证着盗贼们被惩罚。

式表达着他们的惊讶之情,并等待着这一事件的结果。

在这幅作品上方的天花板上,拉斐尔画下了四幅场景画,《上帝现身,并应许亚伯拉罕子孙繁茂》《以撒的献祭》《雅各布的梯子》以及《摩西和燃烧的荆棘》:其中的艺术性、创作性、绘画才能和优雅画风不输于拉斐尔的其他作品。

正当这位艺术巨匠用天赋才华愉快地创造着奇迹时,嫉妒的命运之神终结了尤里乌斯二世的生命,正是这位教皇培养了他如此的绘画才能,并且对每一幅佳作都爱不释手。随后当选的利奥十世决心把已经开始的工作进行下去;自此,拉斐尔幸运地遇到了一位因家族遗传而极为热爱绘画艺术的伟大王爵,于是他以他的天赋直上云霄,受到了教皇的无尽恩惠。拉斐尔因而受到极大的鼓舞,继续在另一面墙上开始创作阿提拉❶(Attila)的故事,描绘了阿提拉来到罗马,在马里奥山脚下与利奥三世会面,这位教皇仅仅依靠祈祷就将他驱逐走了。在这幅画卷中,拉斐尔在空中画出了圣彼得和圣保罗,他们手持利剑,前来保护基督教会。在圣徒们身上,可以看到来自天堂的怒火和狂热,这是神圣的正义之神赋予其使者的特质,使他们可以肩负起保卫最神圣的信仰的职责。关于这一点,我们可以在阿提拉的身上找到佐证,阿提拉的坐骑是一匹黑马,四蹄雪白,前额还有一片星状的白毛,极其骏美,而阿提拉本人则神情极为惊骇,仰头转身欲逃的姿势,马上就要摔下去的样子。

画中还有另外一些极为漂亮的骏马,特别是一匹带有斑点的西班牙小马❷,上面的骑士全身覆盖着一层鱼鳞般的甲胄。这是仿照图雷真凯旋柱❸上的铠甲样式绘制的,据说这种铠甲是由鳄鱼皮制成的。画中还

❶ 阿提拉
古代亚欧大陆匈奴人的领袖,被称为"上帝之鞭"。
❷ 西班牙小马
一种体型较小的西班牙马,专门作为坐骑。
❸ 图雷真凯旋柱
古罗马地标,它是为了纪念图雷真皇帝征服达西亚(Dacia)而建,由罗马帝国最有才华的建筑师建造。环绕柱身的精美浮雕刻画了罗马人与达西亚人的战争史诗,柱身内部设置了直通柱顶的螺旋阶梯,后来螺旋阶梯成为了帝国权力的象征。

描绘了马里奥山，到处都燃烧着熊熊烈焰，显示出当士兵们开拔后，他们住过的地方就陷入了一片火海。拉斐尔绘制的人像都是由真人写生而来，比如那些拿着狼牙棒站在教皇身边的护卫，都活灵活现，他们胯下的骏马也是同样惟妙惟肖；红衣主教的随行人员和马夫也真有其人，马夫牵着教皇的战马，全副盛装的教皇端坐马上（利奥十世的肖像如同其他人物的肖像一样栩栩如生），还带着很多侍臣。

在同一时间，拉斐尔还画了一幅嵌板画，画中描绘了圣母，身穿长袍的红衣主教圣杰罗姆，还有陪伴着托比阿斯的天使拉斐尔，这幅画被放在那不勒斯的圣多米尼克教堂，这个礼拜堂中还有圣托马斯·阿奎纳（S. Thomas Aquinas）的《耶稣受难图》。拉斐尔还为梅尔多拉的长官莱昂奈罗·达·卡皮（Leonello da Carpi），也画了一幅着色方面极为出色的圣母图，其独特的美感来源于作画时笔触既有力又精细，因而令人极为愉悦，我想不出有什么能比它更好。在圣母的面容中可以看到一种圣洁的神情，而她的姿态又是如此的庄重自持；拉斐尔将她描画成双手紧握，对儿子的极度怜爱，而将小耶稣放在她的膝盖上，幼小的耶稣友爱地拉着另一个男孩儿小圣约翰，后者的身边陪伴着圣伊丽莎白和约瑟夫，同样也对他充满了喜爱。

圣西西莉亚的陶醉

拉斐尔那时很高兴地收到了一份为圣乔瓦尼教堂绘制嵌板画的委托，这所教堂位于博洛尼亚的蒙特。该画描绘的是圣西西莉亚，她陶醉于来自天堂唱诗班的音乐，站在那里聆听的她，沉醉于美妙的和声之中；圣西西莉亚的脸上显露出那种出神的样子，是入迷痴醉的人才会有的。此外，还有一些乐器散落在地上，它们看起来不像是画出来的，而是真实的存在；同样质感真实的还有圣西西莉亚所披的轻纱和由丝绸与金丝编织而成的衣服，以及里面一件绝妙的粗毛衬衫。而圣保罗呢，右臂斜倚着出鞘之剑，右手支着头，人们可以见到他满腹学识的沉着之态，这位圣人从画面中常见的骄傲神态变为此处的深沉庄重，表现得同样精彩。他身披一件式样简单的红色衣衫，里面是一件绿色的束腰服，很符合使徒的着装风格，而且赤裸着双足。

同样出现在画中的还有抹大拉的玛丽亚❶（S.Mary Magdalene），她手中抱着一个极为精致的花瓶，姿态极为优雅，她转过头来，似乎对自己的皈依充满了喜悦。同样非常美丽的，还有圣奥古斯蒂娜和布道者圣约翰的头部。实话实说，其他的画也许就是画儿，但是拉斐尔的作品却自带生命，他画出的人物血肉丰满，仿佛肉体在微微颤动，呼吸在起伏，脉搏在跳动，生命的真实在画中再现；这幅画使拉斐尔声名大噪，对于已经拥有盛名的他来说，他的名气更上了一层楼。

在这幅作品之后，他又画了一幅小画，里面的人物也很小，仿效了《天堂中的朱庇特》的方式，内容表现耶稣被四位布道者环绕在中间，这四位布道者就像以西结描述的那样，一个是人形，另一个是狮子，第三个是雄鹰，而第四个是公牛，下面有一小片风景代表了大地，这幅作品虽然尺幅较小，但是比起拉斐尔其它那些大型巨作来毫不逊色，同样珍贵而美丽。

拉斐尔给维罗纳的卡诺萨伯爵送去了一幅同等精彩的大型画作，画的是拂晓中极为美好的耶稣降生，获得了广泛

❶ **抹大拉的玛丽亚**
一直以一个被耶稣拯救的妓女形象出现在基督教的传说里：她用忏悔的眼泪为耶稣洗脚，用密软的黑发来把它们擦干；在耶稣被钉上十字架行刑的日日夜夜里哀哭祈祷喂他喝水；耶稣死后她进入停尸的墓穴预备亲自为其用油膏净身，却意外发现耶稣死而复活⋯⋯后有说法她可能是耶稣在世间最亲密的信仰伴侣，或者说她是未被正史记载的最受耶稣教诲、最得其神髓的门徒。

拉斐尔的《圣西西莉亚的陶醉》（THE ECSTASY OF S. CECILIA）最初是圣乔瓦尼教堂的一幅祭坛画，位于博洛尼亚的蒙特。作品对音乐的描绘象征了圣洁的爱，以及对物质财富的鄙薄。

的赞誉。拉斐尔为宾多·阿托维提（Bindo Altoviti）画了一幅肖像，表现了他年轻时的样貌，被认为是非凡卓绝的佳作；类似的还有一幅圣安娜的坐像，圣安娜坐着将怀中圣子抱给圣母玛利亚的画，圣子耶稣的面部特征和整体的裸体形象一样出色，无论被谁看到，他的微笑和喜悦都是一样美好。在描绘圣母玛利亚时，拉斐尔描画出了贞洁圣母形象所能表露的所有美丽，在她的眼中充满了纯洁与谦逊，眉头镌刻着荣光，高耸的鼻子透露出优雅，美丽的嘴唇承载着美德；更不用说，她的衣着展示出了无比的简朴与端庄。画中还有一个坐姿的裸体小圣约翰，和一位女性圣者在一起，两者都同样美丽非凡；画面的背景是一所建筑，拉斐尔画了一扇被亚麻布遮挡的窗户，作为房间的光源，让光线照进画着人物的房间之中。

教皇利奥十世

在罗马，拉斐尔画了一幅真人尺寸的肖像画，画面描绘了教皇利奥还有红衣主教居里奥·德·美第奇（Giulio de' Medici）和红衣主教德罗西（Cardinal de' Rossi）。在这幅画中，人物不像是画出来的，而仿佛全部是浮雕出来的；画面中大量的天鹅绒和锦缎一起组成了教皇的华服，它们闪闪发光并仿佛发出沙沙的细小摩擦声，衬衣上的毛皮柔软而自然，黄金和丝绸以假乱真，仿佛不是用颜料画出来的，而是真正的黄金和丝绸。画中有一本被灯光照亮的羊皮纸书，看起来比真正羊皮书的质感还要真实，还有一个银质的小摇铃，精美得难以用语言来表述。画中的其他事物也是同样，其中教皇椅子上有一个擦得锃亮的黄金球，仿佛镜子一样，映出了窗外的光线、教皇的肩膀以及四周的墙壁。

拉斐尔的《教皇利奥十世和两位红衣主教像》（PORTRAIT OF POPE LEO X WITH TWO CARDINALS）表现出了美第奇家族的权势和财富，甚至连桌上的摇铃上都有美第奇家族的徽章。

通往加略山之路

拉斐尔为巴勒莫的奥利维托山修道院,又名斯帕西莫圣母玛利亚教堂,画了一幅耶稣背负十字架的嵌板画,被认为是了不起的杰作。画中可以看到对耶稣毫无敬意的一群人,怒气冲冲地带着他前往加略山,打算将他钉上十字架杀死;而耶稣被痛苦压垮已经到了濒死的边缘,摔倒在地,身上还压着沉重的十字架。

当这幅画完成后,还没送达将要放置它的地方,就遭受了几近毁灭的灾难。故事是这样的,当这幅画被装上开往巴勒莫的船,一场可怕的暴风雨让船撞上了岩石,在这样的情形下,船板碎裂四散,所有人和货物都遭遇灭顶之灾,失去踪迹。只有这幅画,安全地躺在包装箱中,被海浪冲到了热那亚海岸。被吊起和拖回陆地之后,这幅画被认定为一件圣物,被打捞者安全妥善地保管起来;因为它没有遭到任何损毁,也没有任何破坏其完美状态的磕碰或伤痕,即使是狂风和海浪也对这幅画的美显出了敬意。这件事很快传播开来,修道士们想尽办法想讨回这幅画,花了很长时间才如愿令画作回到他们手上,这还要多亏教皇的恩惠,而不是因为他们满足了打捞者开出的条件。

当拉斐尔投身于这些画作的时候,他从没中断过已经开工的教皇房间和大厅里的系列组画。没过多久他就开启了波吉亚塔(Borgia Tower)套间工程,他在房中的每面墙上都画上了壁画,其中两幅位于窗户上方,另外两幅在完整的墙面上。其中一面墙上是罗马《波尔戈的火灾》。在这幅画中,当所有其他方法都无法扑灭大火时,教皇圣利奥四世出现在官殿的凉廊中,用他的祈祷赐福令火焰完全熄灭。这幅画描绘了各种各样的灾祸场景。在画面的一侧是妇女们,她们手提或头顶着盛满水的容器,用以灭火;她们的头发和衣服被可怕的狂风吹得鼓起。而其他人正努力将水泼在火上,他们被浓烟熏蔽了双眼而变得完全不知所措。

《耶稣倒于通往加略山之路》(CHRIST FALLING ON THE WAY TO CALVARY):画面的垂直构图导致所有的情感都充斥在画面的前景中,充满了悲恸和强烈地绝望。

在画面的另一侧，可以看到一个生病的老者，虚弱的身体被熊熊烈焰所击倒；而在背负着老者的年轻人的身上，则可以看到勇气、力量和巨大的能量充满了他的四肢，老人无助地躺在他的背上，将全部重量压在他的身上。他身后跟着一个年迈的女人，双足赤裸着衣衫凌乱，刚从火中奔逃出来；还有一个赤身裸体的男孩跑在他们前面。在一些烧毁的废墟顶部，同样的，可以看到一个裸体的女人，头发凌乱不堪，正将手中的婴儿掷向亲族中的一个男子。这个男子已经从火海中逃生，正站在街道上，踮起脚尖伸开双臂去接住衣带包裹着的孩子；画中的那个妇女，急于救出儿子的心情清晰可见，而她身处烈焰所遭受的恐惧与折磨同样令人揪心。伸手接住孩子的那个男人身上的苦痛折磨也溢于言表，这不仅缘于他们急于救人的目的，也因为他本身对死亡的恐惧。

人们无法用语言形容这位巨匠无比新巧和绝妙至极的想象力，他描绘了一位双足赤裸，衣衫凌乱，敞着束衣，披头散发的母亲，一只手中拿着自己的一部分衣物，将她的孩子们拢在身前，指引着他们前行，从烈火焚烧的废墟中逃出的画面；更不用说，还有一些女人跪在教皇面前，正向教皇陛下祈祷，请他熄灭这场大火。

奥斯提亚之战

下一个画面场景也是根据同一位教皇利奥四世的生平事迹而作，其中拉斐尔描画了被土耳其舰队占领的奥斯提亚港，土耳其舰队是企图来此俘虏教皇的。基督徒们在海上和这支舰队作战，并且已经有数不清的俘虏从船上被带回到港口，他们被士兵们拉着胡须拖下船来，这些士兵面容俊美，精神极为饱满。这些俘虏穿着杂乱的囚服，被带到了教皇圣利奥的身前，他的面容是以利奥十世为原型绘制的。

　　剩下两幅壁画中的第一幅，描绘的是教皇利奥十世为最虔诚的基督教国王——法王弗朗索瓦一世（Francis I）举行祝圣仪式，他身着教皇盛装吟诵弥撒，为国王涂抹的圣油赐福，同时也为皇冠赐福。画面中，除了为数众多的身穿长袍协助仪式的红衣主教和大主教外，拉斐尔还根据当时的真人，描画了很多大使和其他重要人物，以及很多身穿符合当时流行风尚的法国时装的人物。在另一幅壁画中，拉斐尔描绘了同一位国王的加冕仪式，教皇和弗朗索瓦的面容都是以当时的真人为模特画出的，他们一个身披全副铠甲，另一个穿着教皇华服；除此之外，房间中其他的红衣主教、大主教、内侍、绅士和马夫们都按规定的位置就座，就像在礼拜堂中一样，所有人都身穿长袍，根据真人写生而画，其中的特罗亚大主教贾诺佐·潘多尔菲尼（Giannozzo Pandolfini）是拉斐尔的一个关系亲密的朋友，还有其他很多当时的名人。

　　拉斐尔还完成了另一个大厅，厅中画有一些使徒和其他礼拜堂中的圣人，是用胶土❶画成的。在这处大厅他让弟子乔凡尼·达·乌迪内（Giovanni da Udine）画了利奥教皇拥有的所有动物，比如变色龙、狸猫、猿猴、狮子、大象和其他更为奇特的野兽。在将这间宫殿装饰得极为怪诞且铺上风格迥异的地板后，拉斐尔还对教皇的楼梯进行了设计，包括建筑师布拉曼特开工建造却因去世无法完工的凉廊，后来都执行了拉斐尔的新设计和建筑方案。他为墙面装饰和将要在上面绘制的壁画都做了设计，隔间的分隔也是如此。至于墙面装饰和异域风情的

❶ 胶土
一种用于湿壁画的软泥。

《波尔戈的火灾》（BURNING OF THE BORGO VECCHIO）是由拉斐尔设计的，但很可能是由一位助手完成的。

拉斐尔
Raphael

壁画，他让乔凡尼·达·乌迪内先画了作品的开始部分，然后又委派朱利奥·罗马诺❶（Giulio Romano）画出其中人物，尽管身为师父的拉斐尔也参与了工作却没怎么参与人物的绘制。

传说拉斐尔为人非常礼貌客气，为了能够照顾他的朋友们，他说服了泥瓦匠们不要修建绝对坚固和完整的墙面，而是在楼下旧房间上留下一些缺口和空间用来储存水桶、瓦罐和木料。这些孔洞和空间很大地削弱了建筑物下半部分的牢固性，以至于它们之后必须要被填上，因为整体已经出现了一些裂痕。他委托吉安·巴里尔（Gian Barile）用木工制作来装饰门板和天花板，所使用的雕刻品数量众多，都是由这位大师雕刻的，制作得极为漂亮雅致。

拉斐尔设计了教皇的葡萄园❷（Vigna），以及波尔戈地区的很多房屋。他还为特罗亚的大主教设计了一所建筑，主教将其修建在了佛罗伦萨的圣加洛街。为皮亚琴察的圣西斯托教堂的黑修士们，拉斐尔画了一幅圣坛画，画中有圣母和圣西斯托、圣芭芭拉，是一幅真正稀有而卓绝的画作。他还画了很多画送往法国，特别是为法国国王画了一幅圣米歇尔对战魔鬼的画作，被认为是无与伦比的佳作。在这幅画中，拉斐尔画了一块被烈火烧灼过的岩石，代表大地的中央，从岩石中间的缝隙中流淌出含有硫黄的烈焰。路西法（Lucifer）焦黑而燃烧的四肢用不同色调的肉色画成，在他身上能够看到愤怒的阴霾，他的狠毒和骄傲自大触怒了上帝，上帝于是将其逐出了所有的乐土，并降下永久的惩罚。与之相反的一切可以在圣米歇尔身上看到，他身穿钢铁和黄金的铠甲，尽管他被画成天使的形象，却能从他的身上看出英勇、孔武有力和骇人的模样，他已经将路西法击倒在地，并将长矛掷向了他。一句话来说，这幅作品使拉斐尔赢得了来自国王的最为荣耀的奖赏。

❶ 朱利奥·罗马诺
　　意大利画家、建筑师，出生于罗马。师从拉斐尔，曾是拉斐尔画室的年轻助理，参与了教皇宫的很多壁画创作与装修的工作。作品风格对定义文艺复兴鼎盛时期之后出现的矫饰主义起了关键作用。

❷ 葡萄园
　　即葡萄园赌场（Casino della Vigna），其后成为朱利亚别墅建筑群的一部分。

众神的议会

拉斐尔的至交好友阿戈斯蒂诺·齐吉（Agostino Chigi）请他给自己宅邸的首座凉廊画上壁画。为了完成这项工作，拉斐尔绘制了全部的草图，并且亲手给壁画中的很多人物着色。在天花板上，他画上了《天堂中的众神议会》（The Council of the Gods in Heaven），在这幅画中，众神的形象中，可以看到很多从古代仿制来的服饰和形象特征，都以极为优美典雅和卓绝的绘画技术绘成。以同样的技法，拉斐尔还画了《丘比特与塞姬的婚礼》（Marriage of Cupid and Psyche），画面上有侍奉朱庇特主神的牧师和往桌子上撒花的美惠三女神。在拱顶的肩部，拉斐尔画了很多场景，其中的一幅是墨丘利❶（Mercury）和他的长笛，这个人物，当他飞翔时，表现出了来自天堂的全部样貌。另外一幅画中，是朱庇特带着天神高贵的样子，亲吻加尼米德❷（Ganymede）；在较低位置的另一幅画中，同样的是维纳斯的战车，美惠三女神和墨丘利一起，拉着塞姬飞上天堂。在位于拱门上方的三角形球面拱顶中，在拱肩之间有很多透视法画成的美丽男孩儿，在空中徘徊着，抬着众神的神器；朱庇特的闪电和雷鸣、战神玛尔斯❸（Mars）的头盔、宝剑和盾牌，伏尔甘❹（Vulcan）的锤子，赫拉克勒斯❺（Hercules）的棍棒和狮子皮，墨丘利的节杖，牧神的烟管以及农神维屯诺斯❻（Vertumnus））的耙子。

拉斐尔已跻身名流，教皇利奥十世授予他圣职，请他绘制二层大厅壁画，其中的画作是《君士坦丁的胜利》，他就这样开始了。教皇的个人偏好，令他想要拥有一些非

❶ 墨丘利
罗马神话中贸易与边界之神，罗马十二主神之一。
❷ 加尼米德
希腊神话中的一个美少年，是特洛伊国王特罗斯（Tros）之子。
❸ 玛尔斯
罗马神话中的国土、战争、农业和春天之神，罗马十二主神之一。他是朱庇特之子，是罗马军团崇拜的神明中最重要的一位。
❹ 伏尔甘
罗马神话中的火与工匠之神，罗马十二主神之一。朱庇特之子。
❺ 赫拉克勒斯
古希腊神话中的大力神，是古希腊神话中最伟大的英雄。他神勇无比、力大无穷。
❻ 维屯诺斯
古罗马神话中掌管季节变化和植物生长之神，也就是通常所说的农神。

拉斐尔工作室的另一幅画作《奥斯提亚之战》（THE BATTLE OF OSTIA），这幅画纪念了公元849年教皇军队战胜撒拉逊人的事迹。

常昂贵的用金线和丝绸织成的挂毯；于是拉斐尔亲手画图着色，按照精确的形状和尺寸绘制了全部的草图，这些草图被送去佛兰德尔织造；挂毯完工后被送回了罗马。这项工作被完成得精妙绝伦，以至于任何看到它的人都惊奇不已，非常好奇地想知道头发和胡须怎么能够被编织得这么分毫毕现，以及仅仅用丝线怎么能够赋予肉体如此的柔软质感；确实，这更像是奇迹而非人类的艺术作品，在挂毯中可以看到动物、流水和建筑物，所有这些看起来都不像是织造出来的，而更像是用画笔真实描画出来的。

主显圣容

拉斐尔为红衣主教兼副总理事居里奥·德·美第奇（Giulio de' Medici）画了一幅嵌板画，这幅画是关于基督的变容的，将被送去法国，他对此不懈地艰苦工作，以极高的质量亲手完美无瑕地完成了画作。在这幅画中，他表现出耶稣在泊山显出圣容，山下是等待着他的十一位圣徒的情景。山脚下能够看到一个年轻人被鬼怪附体，他伸长着手臂，呈现出扭曲的身姿，翻着白眼嘶吼着，显示出他的痛苦不仅存在于肉体中，还深陷于血管和脉搏的跳动中，所有这些都是因为被邪恶的恶灵感染了。他肌肤的颜色，因为狂暴而可怕的动作，显得十分苍白。

这个人物被一位老者支撑着，老者抱着年轻人，强打起精神，双眼圆睁，眸中闪光，但又抬起眉毛，皱起额头，在同一时间内显示出既充满勇气又心存惧意的样子；尽管如此，老者还是专心地注视着使徒们，显示出他想要通过对使徒们的全心信任来鼓舞自己。在众多女人中有一个，也就是画面中的主要人物，跪在使徒们面前，她将头转向他们，手臂却指向中邪的人的方向，指明他遭受的不幸痛苦；在她身边的使徒们，有的站，有的坐，还有的跪着，显示出他们被感动了，对这样的厄运表示出深深的同情。

任何人如果想知道耶稣是如何显圣和表现神通的，都应当来看看这幅作品，在这幅画中，拉斐尔将耶稣画在山顶上空的透视远景中，在光芒中突然复活苏醒了过来，天空极度明亮，两侧是被耀眼恢宏的光芒照亮的摩西和埃利亚斯。匍匐在地的是彼得、詹姆士和约翰，他们姿势都极为优美并且各不相同；其中一人头伏在地上，另一个用双手遮挡双眼，让自己避开基督华美无比的强烈光芒。而复活的耶稣身穿雪白的衣服，双臂伸出，头部扬起，似乎在彰显三位一体的神性与本真集中体现在了他的身上，拉斐尔用艺术完美地表现出这一切，仿佛召唤出了他所有的力量，在描画耶稣的面容时显示出自己对艺术的全部超能力，在完成了这幅作品后，他被死神夺去了生命，再也无法动笔作画。这是他生命中的最后一幅作品。

拉斐尔的去世❶ 和遗产

拉斐尔的遗体获得了荣耀而体面的安葬，这是他高贵灵魂所应得的，没有一位艺匠不为他悲伤落泪。他的死对教皇的宫廷也是一大伤心痛事，因为他曾是如此亲近的侍臣，所以失去他令教皇感到深深的悲伤。

哦，快乐的，受到祝福的魂灵，每个人都愿提到汝，颂扬汝之事迹，赞美汝留给我等的每幅画作！当这位高贵的巨匠死去，绘画艺术恐怕也要一起失去灵魂，你看当拉斐尔闭上双目，绘画女神也被蒙住了双眼。直到现在，我们这些活在他后世的人，还在模仿那些好的技法，不，不仅是好，而是他流传给我们的极为优秀的方法，将之作为绘画艺术的典范和样板，因为这是他的成就

❶ 拉斐尔的去世
1520年4月6日晚，拉斐尔去世，年仅37岁。他的去世被认为是积劳成疾和纵欲狂欢的共同结果，在高烧一周后离开人世，而那一天正好是耶稣受难日，因而拉斐尔更被罗马教廷圣徒化。

和功绩，也是我们必要完成的使命，我们对此要心怀感激，并以最高的敬意传唱他的事迹。实话说，我们从他的身上看到了艺术性、色彩感与创作融合，并达到如此程度的完美，这是几乎难以想象的；也没有任何一个智者能够超越他。

除此之外，拉斐尔还在不断地展示出一个人要如何同大人物打交道，又要如何对待那些中等层次和最底层的人们。事实上，在他优秀卓绝的遗产中，我发现这一点颇具价值，令我自己非常着迷，上天赋予了拉斐尔一种能力，使他可以在艺术中产生和我们画家天性完全相反的效果，这也使得我们这些画家们——我不仅仅指那些不太出名的画家，而是也包括那些充满个性的大人物，艺术将为数众多的人都变成了这样的性情——当和拉斐尔一起工作时，他们感觉自己很自然地就团结起来了，并且相当团结一致，所有坏脾气在看到他时就消失不见了，所有邪恶的想法都从他们脑海中溜走。这样的团结统一在其他时代都是见不到的，只有拉斐尔才能做到；并且这种现象的出现，是因为画家们被他的彬彬有礼和高超的艺术同时征服了，甚至他的好脾气还要更重要一些，他的天性就充满着温柔和善，从而处处流露出仁爱，使得一些小动物，更别提人了，都对他充满了敬意。传说，任何一个认识他的画家，甚至不认识的画家，向他索要急需的图稿，拉斐尔都会放下手头的工作来帮助他。并且他总是雇佣很多艺匠，以仁爱之心帮助他们，教导他们，仿佛是对待自己的亲生孩子而不是一起工作的伙计；正是因为这个原因，他从来没有独自去往教皇的宫廷，而总是和陪他一起离开家乡的 50 位画匠一起，他们每个人都能干且优秀，却甘愿陪在他的身边以表达对他的敬意。简而言之，他活得不像一个画家，而像一位王子。因此，哦，绘画艺术之神，汝可将之视为最大的赐福，拥有这样一位巨匠，无论是他的天才还是他的美德，都将汝高举过天堂！

《主显圣容》（THE TRANSFIGURATION），拉斐尔最后的画作，由于对光线的卓绝运用，而被卡拉瓦乔（CARAVAGGIO）和他同时代的人们盛赞。

绘于约 1504—1505 年，拉斐尔的《美惠三女神》（THREE GRACES）描绘了忠贞、美好和爱情三种美德。

图片原引

akg-images:

(Royal Library, Windsor Castle/Heritage Images/Art Media)

(Galleria degli Uffizi, Florence)

(drawing after Leonardo's cartoon for the Battle of Anghiari by Peter Paul Rubens (1577–1640)/Eric Vandeville)

(De Agostini)

(De Agostini/G. Nimatallah)

(from the series of three sculptures by Michelangelo for the Basilica di S.Domencio/Rabatti & Domingie)

(Rome, St. Peter's/MPortfolio/Electa)

(Rome, S. Pietro in Vincoli/Erich Lessing)

(fresco/Vatican, Capella Sistina, Rome/Erich Lessing)

(Vatican/Album/Oronoz)

(Galleria dell' Accademia, Florence/Andrea Jemolo)

(fresco)

(Album/Prisma)

(the Earl of Leicester and the Trustees of Holkham, Estate, Holkham Hall)

Alamy Stock Photo:

(ART Collection)

(Heritage Image Partnership Ltd)

(Peter Barritt)

Bridgeman Images:

(Alte Pinakothek, Munich, Germany/Tarker)

(Galleria degli Uffizi, Florence)

(fresco (post restoration)/Santa Maria delle Grazie, Milan)

(Louvre, Paris)

(Casa Buonarroti, Florence)

(Museo Nazionale del Bargello, Florence)

(Galleria degli Uffizi, Florence)

(fresco (post restoration)/Vatican Museums and Galleries)

(fresco (post restoration)/Vatican Museums and Galleries)

(Vatican Museums and Galleries/Mondadori Portfolio)

(fresco (post restoration) Vatican, Capella Sistina, Rome/Mondadori Portfolio)

(Bargello, Florence)

(Vatican Museums and Galleries/Tarker)
(British Museum, London)
(Palazzo Vecchio (Palazzo della Signoria) Florence)
(Galleria degli Uffizi, Florence)
(Alte Pinakothek, Munich/Tarker)
(Galleria Borghese, Rome)
(Vatican Museums and Galleries)
Getty Images:
(The Image Bank)
(DeAgostini)
National Gallery of Art/Andrew W. Mellon Collection
Shutterstock:
(the Small Cowper Madonna, Raphael, c.1505)